U0505588

法学院学生必备终极求职指南

手把手帮你找到一份好工作

THE ULTIMATE LAW STUDENT GET-A-JOB CHECKLIST

A Step-By-Step Guide To Help Every Student Land A Great Job

[美] 罗斯·费什曼 ◎ 著
Ross Fishman, J.D.

张逸群 ◎ 译

中国财经出版传媒集团
经济科学出版社
Economic Science Press

图字：01－2021－1142

Copyright ⓒ 2019 by Fishman Marketing, Inc. All rights reserved

图书在版编目（CIP）数据

法学院学生必备终极求职指南：手把手帮你找到一份
好工作/（美）罗斯·费什曼（Ross Fishman，J. D. ）著；
张逸群译. —北京：经济科学出版社，2021.3
书名原文：The Ultimate Law Student Get-A-Job Checklist
ISBN 978－7－5218－2430－8

Ⅰ. ①法… Ⅱ. ①罗…②张… Ⅲ. ①法学－专业－
大学生－职业选择－指南 Ⅳ. ①G647.38－62②D90－62

中国版本图书馆 CIP 数据核字（2021）第 075307 号

责任编辑：孙丽丽　纪小小
责任校对：杨　海
责任印制：范　艳　张佳裕

法学院学生必备终极求职指南
手把手帮你找到一份好工作
［美］罗斯·费什曼　著
张逸群　译
经济科学出版社出版、发行　新华书店经销
社址：北京市海淀区阜成路甲 28 号　邮编：100142
总编部电话：010－88191217　发行部电话：010－88191522
网址：www. esp. com. cn
电子邮箱：esp@ esp. com. cn
天猫网店：经济科学出版社旗舰店
网址：http://jjkxcbs. tmall. com
北京季蜂印刷有限公司印装
880×1230　32 开　5.625 印张　90000 字
2021 年 6 月第 1 版　2021 年 6 月第 1 次印刷
ISBN 978－7－5218－2430－8　定价：38.00 元
（图书出现印装问题，本社负责调换。电话：010－88191510）
（版权所有　侵权必究　打击盗版　举报热线：010－88191661
QQ：2242791300　营销中心电话：010－88191537
电子邮箱：dbts@ esp. com. cn）

推荐语

"这本书为那些竭尽全力想要找到一份好工作的法学院学生和毕业生提供了极为清晰和实用的建议。"

——霍利斯·汉诺威

洛约拉大学芝加哥法学院职业服务中心副主任

"一本易于阅读、有见地并且坦诚的、关于应该如何应对法学院的书。"

——布里塔妮·卡普兰

芝加哥肯特法学院 2019 届法学博士毕业生

"这本书为法学院学生提供了一些深入且具备实操性的建议——不论他们的成绩在班里是名列前茅还是倒数。"

——萨曼莎·鲁本

芝加哥肯特法学院 2019 届法学博士毕业生

"这本书拯救了我。如果没有这本书，我根本不可能找到这么理想的工作。"

——迈克，2018 届法学博士毕业生

"我不仅找到了很棒的工作，而且加入的还是律所里的金融与银行法务团队，这是我最感兴趣的领域！"

——马修，2018 届法学博士毕业生

"这本书简直是天才之作。在没读完这本求职指南之前，我完全没想过还能这样找工作。而且这些方法真的有效！"

——杰西卡，2017 届法学博士毕业生

"我在一家二流法学院读书，成绩在班里一直处于中下游。尽管如此，按照这本书中给出的清晰指导，我仍然找到了一份非常理想的暑期实习。"

——阿曼达，2019 届法学博士毕业生

序　　言

　　成绩，通常会被拿来作为识别"合格"候选人的标准。但并不是所有法学院的毕业生都能以全班排名前25%的成绩毕业。这本书清晰而直接地为你提供了一些具备实操性的建议，告诉你究竟应该如何脱颖而出——不论你的成绩如何。

　　我非常喜欢这本书。书中介绍了一些简单而实用的步骤，完成这些步骤之后，你的社会活动和实习经历将会明显有别于未来的竞争对手，让你看上去独一无二、与众不同。

　　你的简历需要包含一段能抓住招聘主管"眼球"的正面描述，并精准地回答"为什么对这家律师事务所或者机构来说，你是真正合适的人选"。此外，面试官将会对你本人和你的独特经历印象深刻——"让面试官记住你"，就已经成功了一半。

　　过去这些年，我自己招聘过很多律师，他们当中既有专业律师，也有刚刚毕业的法学院学生。这是一项极具挑战性的工作：站在招聘者的角度，我们要做出的是可能改变候选人一生的重要决定，而我们的决策依据却仅仅是浓缩在一张 A4 纸或者一张在线表格中的基本信息。

我们当然会竭尽全力。但坦率地说，在招聘流程中我们给出的评估和最终决定会有很强的随机性——我们会在极大程度上依靠"直觉""眼缘"、人与人之间的"化学反应"，以及在求职面试这种"刻意为之的场景"中的主观感受做出决定。为了提高评估的准确性，我们会不自觉地依赖某些客观指标作为判断标准，比如绩点（GPA）、法学院的排名以及其他社会活动。

其实，我们这些招聘主管都非常清楚：拥有优异的"客观指标"的候选人并不一定能成为优秀的律师。很多简历看着不错的法学院毕业生很快就会被现实淘汰。与此同时，我们也很担心自己会错过一些非常优秀的候选人——仅仅是因为他们的简历不够引人注目。

律所之所以会把绩点作为招聘标准，是因为我们确实也找不到其他更可靠的客观指标作为自己的参考依据了。所有法学院学生的简历看上去都大同小异，对于招聘人员来说，单单是记住自己面试过哪些候选人就已经是一项不可能完成的任务了。能让人印象深刻、过目不忘的求职者可遇而不可求——"在简历中按时间顺序详细描述自己参与过的、五花八门的社会活动"，这种常见的做法基本上不会产生任何积极效果。

　　按照这本功能强大的小书中给出的步骤操作，你将会拥有真实的、与法律行业相关的经验，你的简历也必然能脱颖而出。这也将会是你获得宝贵的工作机会，并最终实现职业理想的起点。

乔丹·古德曼
资深合伙人
芝加哥 Horwood Marcus & Berk 律师事务所

"你不会落后，因为你分秒必争。

你会超越众人，领先他人。

无论飞往何处，你都会卓尔不凡。

无论去向何方，你都能盖世夺魁。"

"做不到的时候例外。

因为，总有些时候，你确实无法如此精彩。"

《哦，你将去的地方！》

——苏斯博士

前　　言

　　如果你准备阅读这本小书，那你十有八九不是一名成绩名列前茅、全班排名前 10% 的"好学生"。也许在法学院的真实生活并不符合你给自己规划的宏伟蓝图，你在担心自己的未来。你几乎每天都在绞尽脑汁地思考到底该如何努力才能在毕业时找到一份满意的工作。

　　我很理解你。我曾经和你一样。

　　实际上，我是以中下游的学习成绩从法学院毕业的。

　　我的故事有一个不错的结局，你的也同样可以。尽管我在班里的排名非常糟糕，但我仍然在芝加哥顶尖的律师事务所找到了薪资很高的律师工作。不过，我的做法有些特立独行。我并没有按部就班地遵循某些标准操作流程，而是使用了市场营销的手段和个人品牌战略帮助自己实现了最初的职业目标。

　　你知道最棒的是什么吗？最棒的是这本书将会详细、准确地向你展示你该做些什么以及如何做。

　　是的，你也可以。

在成为专业律师的求职道路上，我最开始也遵循了法学院毕业生的传统做法：把那句"随邮件附上我的简历"复制到简短的求职信上，并使用标准的"法学院格式"写好了一份求职简历。然后，我把这封电子邮件发给了100家芝加哥的律师事务所。

有50家律所根本没有给我任何回复。另外50家用标准的"好人卡"做出了回复，强调"我的简历令人印象深刻，我的前途一片光明"（只不过与他们毫无关系）。我当时的处境就是这样，为了读法学院负债累累，却没能找到律师的工作偿还助学贷款。

如果我描述的这种处境也让你彻夜难眠，那就请你继续读下去。

经过以上这些石沉大海的"无用功"之后，我意识到：必须另辟蹊径。如果我的成绩和排名无法让律所的招聘主管眼前一亮，那我就得换一种方法抓住他们的注意力。采用什么方法呢？这就是这本书将要详细展开的内容——如何获得一份高薪的工作，并建立一份属于你的事业：从事你热爱的工作，为高质量的客户提供出色的专业服务。

我将通过这本书告诉你在绩点并不亮眼或者你就读的法学院的排名不尽如人意的情况下（或者两者兼具），究竟应该如何让自己从一众法学院毕业生中脱颖而出，获得顶尖律师事务所或者其他一线机构的青睐。

无论你是打算毕业后直接开办属于自己的律师事务所，还是想在一家大型律师事务所中成长为合伙人，从这本书里学到的个人品牌战略都将在你的整个职业生涯中为你提供强大的助力。

现在就着手开始做。你仍然有机会实现自己日夜追逐的"法律职业梦"。成绩不太好？没关系。这样的现实当然不够理想，但你仍有足够的时间做出改变。你需要仔细考虑，重新分配自己的时间、重新选择参与哪些社会活动，眼光要放长远。利用好从法学院毕业的这段时间，给自己打造一份具有吸引力、能令人印象深刻的求职简历。在这项"大型综合工程"当中，绩点只是一个很小的元素。

我会帮助你打造一个鲜明的个人品牌和令人过目不忘的简历，让那些适合你的律师事务所以及这些律师事务所的招聘主管主动联系你。

对你来说，现在是时候开始关心自己的未来了。用法学院的成绩来预测、评估一个人能否取得巨大的职业成就是很差劲的做法。在对全球数百家律师事务所的 20 000 多位律师进行市场营销和客户拓展的培训之后，我发现那些现在最快乐、最成功的律师不仅并非出身名校，而且他们在法学院的成绩往往都处于中下游。

你先要找到第一份工作才能开启成功的职业生涯。遵循这本书中的步骤，你能更快地找准方向，走上成功之路。

要想充分利用好这本书，你首先需要"自省"。我会请你仔细评估自己的性格、技能、兴趣、爱好及人生经历。不要再搜索、填写那种试图告诉你下一步该怎么做以及哪些工具能帮你找到理想工作并取得事业成功的在线表格了。这本书将为你提供充足的信息，你需要做的就是去完成这些"个人功课"。

我不仅希望你能找到一份看起来光鲜亮丽、收入不错的工作，更希望你能得到一份"正确的"工作——一份适合你并能推动你不断进步的工作。在这本书中，我会带领你展望 5～10 年之后的自己，帮助你明确自己的目标——至少你应该明确自己不应该只成为一位具备一定专业技能但却籍籍无名的普通律师。我希望你能通过努力成为你选择的细分领域或者所在地区的"首选律师"。

想象一下你漫长的职业生涯：你应该不仅是一位律师，还是一位行业领导者。这才是我们希望你能达成的终极目标。

不要按照别人制定的既定规则参与竞争，而是想法设法去改变竞争环境，把竞争引向对你有利的方向。你会惊讶地发现，要做到这一点并没有想象中那么困难。大部分的法学院学生（和律师）都倾向于用传统的方法、做传统的事——我们总是喜欢遵循先例。在这本书中，我会告诉你如何才能不仅仅是"看起来不同"，而是真正脱胎换骨——而且，变得更好。

这本书不会把大家都知道的那些方法和技巧一一列举出来，而是会告诉你应该如何集中精力、有针对性地建立个人品牌。这本书不会指导你直接上手写出一份标准的简历，而是会先引导你确定自己的"理想工作"到底是什么。明确目标之后，你就可以开始着手打造一系列独一无二又令人印象深刻的经历，逐步建立自己的个人品牌，以此吸引那些你喜欢的律师事务所或者公司的招聘主管与你建立联系。

对于求贤若渴的律师事务所、公司和其他机构来说，这种利用个人品牌重构而成的简历能够充分展示出"你就是他们一直在寻找、一度误以为并不存在的那种理想的候选人"。

你肯定要付出很多努力。

但你知道该如何努力吗？

或许现在还不知道。

仔细阅读接下来的章节，你会找到答案。

祝你一切顺利，得偿所愿。

祝大家好运！

罗斯·费什曼

目　　录

导　　论

　　法学院学生如果想要找到高薪又光鲜的工作，最可靠的方法就是学习成绩名列前茅，还要是法学院学术期刊编辑部的核心成员。当然，这并不是衡量一名律师能否在执业生涯中大有作为的唯一指标。但现实情况是，截至目前，在校成绩仍然是大部分律师事务所招聘主管进行校园招聘时的首选标准。

　　这就是你正在参与的"游戏"。有很多人非常乐于分享自己是如何在法学院脱颖而出的：努力学习，取得优异成绩——你只需要做到这点就足够了。

　　遗憾的是，在特别勤奋刻苦的法学院学生当中，半数以上的成绩会一直徘徊在班级中下游。这只是简单的统计学。全班会有75%的学生无法进入前25%。对于好不容易考入法学院的精英来说，这是他们人生中第一次遭遇来自学习成绩的重创。

　　这正是我要写这本书的原因。

　　如果你已经读到了这一页，那你估计十有八九已经确信自己无法依靠学习成绩、班级排名、学术贡献吸引顶级律师事务所或者专业机构让他们向你伸出高薪工作的橄榄枝了。没关系，条条大路通罗马，我们还有别的路可以走。

　　我相信你永远都不会忘记那个瞬间：你打开了装着成绩单的信封或者点开了附着期末考试成绩的电子邮件，你看到的成绩远远低于自己的预期。先给自己几分钟，平复情绪。冷静下来以后，你要把注意力立即从令人失望的考试成绩转移到"建立个人品牌"这件事情上，确保你能通过成绩之外的其他路径找到理想的工作。从某种意义上讲，你已经在成绩这个维度中"失败"了。不过，你要提醒自己：成绩不是唯一的衡量标准。你还有两年半的时间有条不紊地构建另一个维度，并在这个维度上大获全胜。对你来说，时间绰绰有余。

你的新目标是马上着手开展其他社会活动。与取得优异的考试成绩一样，这些活动也能帮你找到理想的工作——尽管不同律师事务所或者机构对这些社会活动的评价标准会各有不同。也就是说，如果你无法凭借亮眼的成绩入围顶级律师事务所的首轮面试，那就要想方设法让自己的简历能被归入"这个孩子的经历很有意思，我们应该让他来面试一下"这个分类当中——这就是你的目标。

深呼吸，你能做到的。我建议你立即开始行动，朝着这个目标努力。你留给自己的时间越充裕，准备工作就越充分，实现目标的可能性就越大。无论你想要加入的是大型律师事务所、政府机构，还是一毕业就开始独立执业，在现阶段你的目标都是一样的：在特定群体中建立个人品牌，并赢得认可。

在这件事上，最有可能获得成功的方法就是从在法学院读书时开始努力成为一个利基市场或细分领域的专家，利用自己的这一专长找到专注于一家或者几家专注于相关业务领域的律师事务所，在那里找到自己理想的工作。你需要让自己成为一个能为律师事务所（以下简称"律所"）创造价值的人——至少看上去能创造价值，而且创造价值的方式与成绩好坏没有关系。你的成绩本身或许无法令人印象深刻，但你的那些有针对性的专业经验可以。

经过几年的职场洗礼之后，你会有令人震惊的发现：这个世界到处都是聪明、勤奋的"通用型"律师。如果你问客户想要聘请什么样的律师，他们通常都会回答说他们想要找到那种"了解自己的业务和所在行业的律师"。可惜，绝大多数客户不可能找到这样的律师。

任何一位拥有"正常水平"专业能力的律师都可以学会起草简单的租赁合同或者代理事实明确的诉讼案件。因此，成功的律师必须想办法成为那种深刻了解客户业务、能准确使用他们的语言提供切实有效的专业建议的"稀有品种"。作为法学院的学生，你需要向律师事务所证明你具备上述能力，能够为他们的客户提供专业服务。

你留给其他人的印象应该是一个专业知识储备充分、值得信赖的"内行人"，而不仅仅是初出茅庐、渴望实现自己职业蓝图的青涩毕业生。在今天的市场环境下，任何一家正常经营的律所开放的律师职位都能收到几十份甚至上百份看上去非常相似的简历，如果你想从庞大的人才库中脱颖而出，就绝不能全凭运气。

找到并扎根在一个其他求职者都不太容易能摸清门道的细分领域，能大幅提高你的吸引力，让你有机会抓住律所里那些经验丰富又老道的招聘主管的注意力。为了实现这个目标，你需要在法学院繁重的学习之余，用别人休息的时间去争取实习机会，以积累实践经验。只要你看上去愿意全力以赴地完成工作，又能凭借丰富、独特的实践经验让招聘主管感到眼前一亮，你的简历就会获得更多关注。

我会帮助你。只要认真努力，实现以上这些目标并不是特别困难。考上法学院已经可以充分证明你足够聪明而且向往成功。我只不过希望你重新考虑到底应该如何分配自己有限的时间和精力，让你能通过努力付出收获满意的结果。

假如简历的大片空白让你看起来像在法学院里"疗养"了三年，那你恐怕确实遇到大麻烦了。当然，如果你考上了顶级法学院，那只要好好待在学校认真学习，基本上就可以确保自己"不费吹灰之力"地拿到不错的工作机会——当然，同学之间的竞争仍然无法避免。如果你的法学院很普通，那情况就不一样了。在找工作这件事情上，普通法学院的学生需要付出更多努力来证明自己的优势。

一家二流法学院职业服务中心的专家切中了要害。她告诉学生，"如果你只是按部就班在这里上三年课，那根本不可能找到工作。现实就是这样"。非常残酷，也非常真实。

你需要让别人相信你已经准备好随时投入战斗，也愿意努力学习该如何成为真正的律师。你需要尽自己的最大努力，用最短时间积累尽可能多的实践经验。也就是说，你需要尽早做这件事，并在法学院坚持做下去。

这本书中给出的建议简单、实用，清晰地列出了你要完成的每个步骤，让你一目了然，并大幅提高拿到"完美工作机会"的可能性。当然，看完这本书之后你获得的工作机会可能并不完美，但这本书仍然有可能成为你下一段成功的职业经历的助推器。

我在这本书中给出的建议和策略适用于每一个人，包括班里学习成绩最好的学生。第一个学期取得了好成绩并不意味着你从此就可以高枕无忧了，因为你并不知道其他同学在拼尽全力做什么。学会这本书中的技能对你来说更像是给自己的未来买一份保险。

此外，就算你在班里名列前茅，也仍要面对顶尖法学院同届毕业生的竞争。无论未来你要面对什么竞争，或者竞争有多么激烈，"差异化"都将让你立于不败之地。

就像苏斯博士在《哦，你将去的地方！》中所写：

"我很遗憾要这样说

但这是残酷的事实

吃闭门羹

遭遇挫折和障碍

都有可能会发生在你身上。"

是的，你很有可能要面临巨大的困难和挫折——而且，很有可能你已经遭遇了它们。

没关系。它们只是职业之路上的一点儿小颠簸。

你仍有机会拥有漫长而成功的职业生涯。

我是如何找到第一份工作的

我来自芝加哥，毕业于亚特兰大埃默里大学法学院。虽然我的母校如今跻身全美排名前25名的法学院，但在我就读期间，它只是一所在美国东南部小有名气的法学院而已。每次放假回家，我都会听到亲朋好友发出的诸如"埃默里？我一直以为那是一所医学院"的疑问。

事实上，我在法学院读三年级的时候已经积累了不俗的"诉讼战绩"。当时埃默里有一门非常棒的辩护技巧必修课，在为期两周的春假期间，所有二年级学生都必须完成每天10小时的辩护技巧课，学习如何起诉和辩护。

通过这门必修课以及在芝加哥库克郡州检察官办公室的暑期实习，我掌握了基本的诉讼技能，并在暑假实习期间作为首席检察官完成了9起由陪审团审理的联邦重罪案件。我在那个夏天见过的陪审团可能比很多商事律师事务所里最资深的合伙人一辈子见过的陪审团还要多。

作为法学院学生，我超额完成了任务——由我负责的9起案件大多都赢得了胜诉。当时我非常自信，自认为毕业回到芝加哥之后，这种实践经验和实习经历一定会让我脱颖而出，一定会有一大批面试邀请向我扑来。

在法学院的第三年，我开始着手写简历。最初，我使用了法学院推荐的"标准格式"：姓名和地址写在顶部，下面是毕业院校的名称和我的GPA；第二步，列出我的工作经验，最后是社会活动。让我感到不舒服的是，这种格式似乎无法突出我的独特优势，不过当时的我也没有足够的勇气去挑战"经典"。

我错误地以为拥有出色的庭审经验就足够了，但残酷的现实是我并没有收到任何律所的面试邀请。我怀疑他们在看到我那所"籍籍无名"的法学院和毫不亮眼的成绩之后就直接把我的简历扔到了一边——他们可能完全没有看到我在法庭上的战绩。

另外，我那封无聊的求职信也非常直白地传达出了一个苍白的事实：我就是一个普通到不能再普通的想要找工作的普通法学院毕业生，非常希望收到求职信的律所能看看我的简历，然后给我一个面试的机会。

残酷的现实让我必须要另辟蹊径了。第一步，我设计了全新的简历格式，重新安排了所有重要内容的"出场顺序"，以加粗的字体突出了我那些独特的庭审经验。第二步，我修改了求职信，简单地阐述了自己的能力和优势，以吸引律所招聘负责人的注意。

我重新梳理了自己的经历，强调了参与陪审团庭审的经验，以凸显自己的不同之处。我希望律所的合伙人能将我视为一名已经经过充分训练、时刻准备好战斗、积累的经验和诉讼技能远超同侪的诉讼律师。我的基本思路是把自己打造成为一名只要求"一年级律师"薪资的"三年级律师"。

在求职信中，我写道，我以往的实习基本上都是在刑事法庭上完成的，所以未来并不需要太多的指导就可以胜任出庭工作，也能比其他刚刚毕业的法学院学生更快适应律师工作的节奏和强度。我还在信中提及了一些切实可行的刑事辩护技巧，以证明这些技能可以帮助律所更好地为现有客户提供更广泛的服务。比如，某位首席执行官（CEO）的孩子收到了超速罚单或者因醉驾被拘留，我可以为他们提供专业建议。

经过大幅修改，我的第二版简历给律所合伙人讲了一个简单、清晰的故事。我相信，这在律所收到的大批如出一辙的"法学院三年级学生标准简历"中并不多见。同时，我也没有给律所的招聘人员增加太多负担，他们不需要苦苦思考到底为什么要给我一份工作——我直接把答案写在了简历和求职信里。

我发出了第二波简历，这种新的自我展示方式立即引起了律所的强烈兴趣，他们给我发来了面试邀请——要知道，其中有几家律所几周前刚刚拒绝过我。我开始频繁地参加不同顶级律所的面试，最终拿到了一家中等规模的专业律师事务所给出的、薪资待遇超出市场平均水平的工作机会。作为毕业后的第一份工作，我的工资比大多数成绩比我好的法学院同学都要理想。

抓紧时间让自己看起来
像一名真正的律师

在美国，大部分执业律师都在 2 ～ 10 人的小型律所工作。这些小型律所的合伙人常常会抱怨，说自己"没时间给刚毕业的法学院学生当保姆"。我们都知道，法学院其实并不会教给学生太多实操技能。新律师的实操技能基本需要等到在正式开始执业之后，一边实践一边学习并慢慢提高。

小型律所在律师培训资源上捉襟见肘。与大型律所不同，他们通常没有全职的职业发展专家指导刚毕业的新律师迅速进入工作状态，只能依靠合伙人完成"传帮带"的任务。这些合伙人每多花一分钟去教新律师该如何完成某些基础工作，就会少一分钟去为客户服务和挣钱。

正如很多律所会在面试时提到的那样，他们的工作重心不是培训新人。作为律师，你的工作应该是帮助律所挣钱。

花一点时间去思考这句话。在你执业的前五年，这句话将发挥至关重要的作用。

掌握律所需要的某些技能，这是你作为律师的"分内之事"。因此，你的简历必须要详细地向律所的招聘人员说明你已经掌握了哪些技能。

在校期间，一定要积累"有效"的实践经验。即便是小型律所也不会期待你能马上独当一面——大家都知道你只不过是刚毕业的学生而已。但成功经营一家小型律所意味着聘用相对成熟的律师，以迅速为客户提供服务、为团队创造价值。换言之，要想获得小型律所的青睐，你需要成为那样的律师。

在法学院学习期间，你应该积极参与法律援助项目或者争取其他带有实践性质的校外实习机会。在法律援助机构担任志愿者或者去法院实习，能让你更深入地了解司法体系，并学习如何与客户沟通。你可以找一份帮助别人处理租房合同的兼职工作，学会处理房东和租客之间可能出现的法律问题，或者多参与几次庭外宣誓取证工作。

你需要学会安排会议、完成法律检索、填写各种表格、复印、提交法律文件。学会这些，你就可以开始为律所创造一些"小"价值了——你变得有用了。通过顺利完成这些工作，你可以证明自己充分了解法律在现实中的运转方式，也并不需要像雏鸟一样等待喂食。无论你的兼职工作是长达数月的正式实习或者志愿者项目，还是学校提供的各种见习机会，都没有关系——能帮你积累经验就可以！

在上学期间积累的这些实践经验能让你从那些在学校和家之间两点一线、勤奋刻苦的"好学生"中脱颖而出。你会带着长期实践培养出来的职业习惯和专业技能毕业。凭借这些习惯和技能，你将为律所创造价值——哪怕一开始只是"小"价值。对律所来说，你不再是一个"慈善项目"。你有能力完成那些收费工作。你可以帮助他们赚钱。

法学院一、二年级之间的暑期实习非常重要，一定要找到和法律实践有关的实习机会。

这本身也是一项挑战：一年级的学生不太可能拿到法律行业的带薪实习机会，而大多数法学院的学生又需要利用暑假勤工俭学、打工赚钱，以更快还完助学贷款。对于你的职业生涯来说，利用好这 2～3 个月的实习期快速积累法律实操经验非常重要。

所以，请你一定要把眼光放长远一些——一份不能赚钱的暑期实习或许是你对自己未来的长期投资。去找一份无薪的法庭书记员或者律所实习生的工作。在不远的未来，这些"义务劳动"将被加粗写进你的求职简历，成为你身上与众不同的"亮点"。这个夏天的经历会改变你的整个职业生涯。如果你确实需要靠自己赚学费，仍然可以好好利用晚上和周末的时间。

你要赶紧搞清楚自己究竟
想要成为什么样的律师

　　首先，你要搞清楚自己究竟想要做什么。然后以此为目标，逐步完善自己的履历，依靠自己的经历说服别人帮助你迅速实现目标。

　　假设你想成为一位家事法律师，你的简历中应该至少包含以下这些基础活动和经历：

❏　**选择法学院提供的所有与家事法有关的课程，认真上课，争取好成绩。**

❏　**与家事法领域的授课教授们建立联系，在课后为他们提供类似助教或者其他需要的帮助。**

　　○　尝试了解他们；他们可能会拥有十分强大的专业资源。

　　○　这些研究特定领域法律的教授通常会和当地律师协会（以下简称"律协"）的"对口"专业委员会保持密切联系。他们非常了解这个领域的执业状况，并拥有丰富的人脉资源。

❏　**在法学院附近寻找一家专门提供家事法律服务的小型律所，想办法获得一个无薪律师助理的兼职机会，每周去工作 1 ~ 2 个下午。**

❏　**加入当地律协以及家事法委员会。**

　　○　集中精力拓展、积累你在这里的人脉资源。

　　○　毕业时，你的最佳工作机会很有可能就来自你在律协认识的某位合伙人。

　　○　到公益家事法律诊所做志愿者。

❑ **走出校门、接触社会，不要躺在沙发上浪费生命。**

    ○ 积累人脉、人脉、人脉。

如果你想要从事人身伤害、刑事辩护、遗产规划这些业务领域的工作，也可以采取与此类似的策略。

想清楚你想成为哪个领域的律师绝非易事。但越早做出决定，你留给自己的时间就越长，能积累经验的时间和机会就越多，就越有可能拿出一份有"针对性"的简历，而这样的简历能帮助你更快实现自己的目标。

律所的招聘主管经常会提到他们希望在候选人身上看到"勇气"。他们喜欢那种能当机立断、干劲十足的法学院学生，这样的毕业生会抓住所有出现在他们眼前的机会，绝不会坐在那里等着一份工作"砸"在自己脑袋上。

优秀的律师都具备坚毅的品质，能克服困难、解决问题、完成任务。这些也是律所在招聘过程中寻找的品质。

记住，未来你可能会遇到那种固执己见，认为所有年轻一代都是想要"混日子"的合伙人，而你需要通过自己的简历和实际行动证明他们的想法是错的——只有你足够勤奋、足够努力、足够投入，才有可能改变对方先入为主的消极观点。

如今，80%的工作岗位都会通过个人关系而不是领英或者 Indeed. com① 寻找合适的候选人。这意味着你必须要走出校门和家门，去结识那些正在招聘的人或者知道哪家律所正在招聘的人。如果你具备他们正在寻找的技能和品质，又能给他们留下深刻印象，那对于律所招聘人员来说，相较于从网上筛选简历或者通过陌生人介绍候选人，给你提供工作机会将会是更为稳妥的决定。

你必须不断拓展自己的人脉关系网，抢占关键联系人的"心智"。只有这样，当有人偶然说起"嘿，我打算新招一位一年级律师，你那里有合适的人选吗"，你的联系人才会在第一时间想到你。

如果你的法学院位于其他州、其他城市，而你计划毕业之后回到家乡执业，那在法学院所在城市建立的人脉关系网恐怕无法给你提供太大帮助。你需要在家乡的法律市场积累人脉资源。为此，你需要制订一个切实可行的行动计划。你的暑期实习地点和其他社交活动将会变得更为重要。有关于此，请参考阅读本书的"社交技能"一章。

---

① Indeed. com，美国目前流量最大的求职和招聘网站（译者注，本书如无特别说明，均为译者注）。

社交媒体

我希望你能学会充分利用社交媒体的力量，逐步和"关键目标人物"建立联系，并逐步丰富自己的简历。你需要认真细致、有条不紊地完成这项工作。你需要具备战略眼光，"抬头看路"，以绕开那些可能会对你的长期职业发展产生消极影响的"深坑"。

在发出工作邀请之前，很多律所会仔细审查应聘者的社交媒体资料、发布过的信息和照片。雇主会审查的平台通常包括领英、脸书、推特、Instagram 和 YouTube。虽然有些州的职业道德规则会限制律所的这种"在线跟踪狂"行为，但不论是否有此限制，你都不应该向未来雇主提供可能会让你失去重要机会的"弹药"。

如果你发在社交媒体上的信息、照片不能让你的家人看到，或者如果被他们看到你会十分难堪，那就应该立即删除相关内容。现在不是坚持原则的时候，因为找到一份合适的工作太重要了。因此，即便有些照片只会引发"小"问题，也请你删掉它。

在开展市场营销活动之前，请先仔细阅读你所在州的法律职业道德规范，认真了解律师进行营销、接触客户以及社交媒体活动时必须遵守的规则。这些规则通常会出现在职业道德规范的第7.1～7.4款。① 我相信没有多少律师会故意去挑战这些规则，不过事先了解规则总是好的。作为律师，行事应该谨慎。

利用社交媒体建立个人品牌的第一步是创建具有说服力的个人主页。明确未来的执业方向之后（阅读本书的"你的新目标：焦点"一章将帮助你完成这个任务），你可以在不同的社交媒体平台上创建个人主页、完善包括工作经历在内的其他信息，并通过个人主页突出你对细分领域的投入和强烈兴趣。同时，你还需要详细说明你拥有哪些"通用技能"、实践经验以及其他专业背景。②

你不能让自己看上去只是对某个特定的细分领域"感兴趣"而已；在你选定的细分领域中，你应该而且必须比你的竞争对手更有经验也更有热情，至少你要能给别人留下这样的印象。

---

① 请参阅全美律师协会官方网站上的《执业规则示范文本》，https://www.americanbar.org/groups/professional_responsibility/publications/model_rules_of_professional_conduct/model_rules_of_professional_conduct_table_of_contents/（原文注）。

② 根据美国法学教育的要求，报考法学院的法学博士项目之前，申请人需要具备本科学历。因此，很多法学院的毕业生实际上还拥有物理、化学、哲学、工程、计算机等专业的教育背景和工作经验。

领英 （Linkedin）

　　你知道全世界每天有接近 6 亿人次访问、使用领英以进行专业社交吗？对年轻的专业人士来说，领英早已成为最为重要的社交平台，也是律师首选的社交工具。虽然目前领英并不是大家最常用的即时通信工具，但它却是专业人士进行个人市场营销活动的起点和基础。未来，领英也将会成为你向职场关键联系人发送职业信息、展示专业能力、公布最新工作动向的重要平台。

　　如今，几乎所有你能想到的、能为你提供理想工作机会的人——从专门负责招聘的律所合伙人到重要的客户，都会首先浏览你的领英主页（Profile），了解更多关于你的信息。因此，在领英上创建并运营一个有说服力、有个性又不失专业水准的个人主页非常重要。你需要通过个人主页让"目标受众"感受到你不仅是一台热情洋溢的"工作机器"，还是一个出色、有趣、立体的"人"；如果你能加入他们的团队或者为他们工作，对他们来说将会是十分幸运和幸福的事。

❑ **如果你还没有领英账号，抓紧时间去注册一个。**

　　○ 详细填写个人主页上的各项内容。

　　○ 保留真实、鲜明的个性。

　　○ 确保没有出现任何拼写或者语法错误。任何错误都不可以！

　　　● 一个拼写或者语法错误可能直接导致你丧失重要的工作机会。

　　　● 你可以请家人或者朋友帮你校对。

❑ **建立一个超过 100 位联系人（connections）的人际关系网。**

　　○ 首先在领英上和所有你在现实生活中认识的人建立联系，包括家人、朋友、熟人、之前就读学校的所有同学。

　　○ 你的最终目标是在领英上建立一个超过 500 位联系人的领英人际关系网。达到这个目标之后，领英会在你的个人主页上显示"500＋联系人"。这个标志足以向他人证明你拥有一个属于自己的专业人际关系网。

　　　● 加入你就读的法学院在领英上的群组（group），然后和群组中你认识的所有人建立联系。

　　　● 你可以考虑为自己所在的毕业班创设一个单独的群组，然后邀请所有同学加入。

　　○ 拥有了完整的职业档案后，你就可以开始与教授、法学院邀请的讲座嘉宾、在你想加入的律所工作的律师以及其他你想认识的陌生人建立联系了。当然，你也可以与笔者建立联系。

☐ **完整填写个人主页上的全部信息，包括职业档案中的所有项目、联系方式（contact information）和教育经历（education）。**

  ○ 在职业档案中，最重要的两个部分是个人简介（summary）和经历（experience）。

  ○ 除了姓名和职位之外，个人简介是别人浏览你的职业档案时一定会看到的内容。

  ○ 你可以在经历这个部分重点突出自己的个人品牌、实习或工作经历以及你选择的细分行业或领域（在接下来的章节当中，我们将重点讨论如何找到你感兴趣的执业领域或者行业）。

  ○ 请阅读参考本书附录。

☐ **上传一张高质量的照片作为你的头像。**

  ○ 如果你怕麻烦，那一张清晰的证件照也可以。

    • 着装要求：至少要达到"看上去像是要去参加一场重要的正式活动"的标准。

    • 表情：微笑——至少看上去你是那种别人愿意与之共事的人。

  ○ 经过裁剪的度假、派对、婚礼、集体照都不可以作为领英头像。

- 太过可爱、像素过低、光线很差、人物很小或者非常模糊的照片都不可以作为主页头像。照片中不要出现宠物或者花里胡哨的道具。如果你不确定自己准备的照片当做头像是否合适，那它就是不合适的；你应该重选一张或者去拍一张简单的证件照。

❏ **如果你已经注册过领英账户，那现在需要做的是仔细检查自己的个人主页，特别是那些以前上传的内容，以确保你的职业档案看上去足够"职业"。**

○ 删除所有可能会让较为保守的雇主感到不适或被冒犯的内容。

○ 谨慎、明智地选择将哪些个人经历写进职业档案。

- 删除所有高中时期的活动和经历。
- 对大学时期的活动和经历要谨慎选择。

○ 使用第一人称，保持较为轻松的语言风格。

○ 为个人主页设置自定义网址链接，而不是领英随机分配的那种由随机的数字和字母组合出来的、特别长的网址。

- 如果你不知道该怎么做，可以搜索在线指导视频，它会带领你完成相关设置。[①]

---

① 参见领英官方帮助网页：https：//www. linkedin. com/help/linkedin/answer/87/customizing – your – public – profile – url？lang = en。

- ○ 查看个人主页的隐私设置。你的个人主页应该保持
  "公开"的状态,以方便别人浏览并主动与你建立联
  系。不过,请记住,你的点赞(like)和评论(com-
  ment)以及其他分享、转发内容对所有联系人都是可
  见的。因此,请谨慎操作。

- ❑ **关注、加入那些与你选择的细分执业领域有关的专业
  群组。**
  - ○ 这将有效证明你确实愿意投身于该领域或者行业。

- ❑ **不定期地发布与专业有关的动态(activity),包括你
  自己写的那些与你的执业领域或者你关注的细分市场
  有关的专业文章。**

- ❑ **与发布自己写的文章相比,给其他人发表的文章点赞
  或者分享(share)他们的文章这种"举手之劳"的
  任务可能更为容易,因此你可以先从这里入手:给你
  所在的执业领域中的其他律师或者专家撰写的文章点
  赞或者加上自己的评论后转发这些文章。**
  - ○ 这会不断让你的联系人了解你确实有志于投身于该领
    域或行业。
  - ○ 记住,在职业社交场合,与发布、传播自己的文章及
    观点同样重要的是分享、阅读并评论其他人的专业文
    章——有时候后者其实更为重要。

- ❑ **没有人会要求或者希望在领英上看到一份长篇大论的**

职业档案；保持简练和流畅就可以了。

❑ **定期更新职业档案，至少每隔几个月要更新一次——特别是当你的职业发展有了进步、"更上一层楼"了之后。**

　　○ 最佳做法是每次在你发表了新文章、做了新的演讲和活动、加入了新的专业组织之后，都对自己的职业档案进行及时更新。

　　○ 至少每周要登录一次领英账户。

❑ **定期对同学、朋友和同事的技能（skills）进行认可（endorsements）；你要做的只是轻点鼠标而已。出于礼貌，他们通常也会反过来对你的技能予以认可。**

　　○ 别人的认可会让你的职业档案看上去更为积极、可信。潜在雇主对你的第一印象会是"人缘不错，而且是同侪中的佼佼者"。

　　○ 关于技能和认可的提示：如果你收到了别人对你的某一项技能的认可，在把它公布在职业档案前，你需要思考并确信自己的确具备这项技能。如果你认为自己并不具备这项技能，就不要在自己的个人主页上确认对方的认可。有些州的律师协会对此有严格限制规定。

　　　　• 如果你有些犹豫，不确定自己是否具备别人认可的这项技能，那就不要把它公布在自己的职业档案中。

❏ **注意：当你访问其他人的领英主页时，对方会收到信息，提示你曾经浏览过他/她的档案。**

○ 你可以开启"隐身模式"，关闭此项功能。

○ 有关如何开启隐身模式，你可以观看领英上的帮助视频，完成设置。①

推特（Twitter）

推特是一个可以帮助你和你感兴趣的特定领域建立联系的平台和工具，其主要特点是简单、迅速且高效。

在推特上，你只能发表不超过 280 个字符长度的推文（包括空格）。在长度限制下，你的推文必须精简为 3 ~ 5 句话，然后再加上几个标签（#）。对你来说，推特是一个帮助你建立个人品牌、与特定细分市场的"业内人士"建立联系并开展交流的理想平台。

---

① 参见领英官方帮助网页：https：//www. linkedin. com/help/linkedin/answer/49410/browsing - profiles - in - private - and - semi - private - mode？lang = en。

❑ **如果你还没有推特账户，可以抓紧时间创建一个，昵称最好是自己的名字。**

   ○ 比如，我的账户是@ rossfishman。

   ○ 你可以定期来看看我的最新推文。

❑ **在推特上建立人际关系网；和法学院的教授、同行、特定领域的从业者，特别是那些有一定影响力的业内人士建立联系。**

   ○ 关注那些你感兴趣的法律、商业以及特定细分市场中的从业者、公司、行业组织和机构。

❑ **每周发布一条与你的专业领域有关的推文。**

   ○ 记住，尽可能选择使用适合搜索引擎优化的关键词，这样那些也在关注这个领域或者行业的媒体和专家才能通过搜索找到你。

   ○ 确保你对法律术语、专业名词以及其他"行话"的使用是准确的。

   ○ 发表带有图片或者可视化图表的推文通常会吸引更多关注，并带来更多转发。

❑ **时常转发其他人的推文——特别是当他们发布的推文与你或者你关注的专业领域有关时，这种做法可以帮助你扩大人际关系网。**

❑ **让推特成为你搜集相关行业信息、了解专家观点的工具和平台。**

○ 留心观察行业中其他从业者的推文，了解他们在讨论哪些话题、关注哪些事件和活动。对你来说，由此获得的信息价值巨大。

脸书（Facebook）

在脸书上，你需要采取的是防守战术。你在脸书上的个人主页几乎不会对招聘决策者产生太多积极影响。但任何发表在脸书上的、不合时宜的文字和图片却很有可能让你直接失去律所合格候选人的资格。不要去挑战律所招聘主管的底线，也不要轻易冒险。

❏ **分析你在脸书上的个人主页以及你发布过的所有信息。对自己的脸书账号进行一次全面而细致的内容审查。**

○ 升级隐私设置，远离那些"窥屏"的目光。

○ 删除所有疯狂派对以及性质相似的私人照片。

○ 删除所有可能促使律所保守的资深合伙人拒绝为你提供工作机会的内容。

• 也就是那些你不好意思拿给你的祖母看的内容。

○ 保留那些感性的元素，让你的脸书页面保持一种轻松
愉快的氛围——毕竟这不是一个职业社交平台。

○ 当然，你也可以考虑重新创建一个新的脸书账户，作
为你建立个人专业品牌的公开平台。

  • 在这个账户的主页上不定期发布与专业领域有关
的新闻和动态，比如你参加各种专业活动、发表
演讲或者出席行业会议的录像和照片。

  • 在这个脸书账户的主页上，你可以发布与领英主
页相似的内容。

照片分享应用（Instagram）

和脸书一样，你在 Instagram 上采取的同样也应该是
防守战术。Instagram 并不是一个适合你和"目标人物"
建立联系的职业社交平台，但你在 Instagram 上的个人主
页仍有可能通过基础搜索出现在招聘主管的屏幕上。

❑ **仔细检查你的 Instagram 主页，对你之前发布的所有
内容进行一次细致的自我审查。**

○ 你可以将自己的账户设置为"仅私人可见"（private
account）或者更改 Instagram 的用户名，确保别人无

法轻易通过名字搜索并看到你的主页。

○ 如果你不想这样做，那就删除所有疯狂派对以及与此
类似的私人照片。

○ 删除所有可能会让保守的资深合伙人不想为你提供工
作机会的内容。

○ 就是那些你不好意思拿给祖母看的文字和照片。

视频网站（YouTube）

视频网站 YouTube 是现在很多人最常用的搜索引擎之
一，使用频率仅次于谷歌（Google）。也就是说，如果你
已经在 YouTube 上注册并拥有自己的账户，就有必要仔细
检查一下账户之前的活动记录，确保其中没有任何可能破
坏你的专业形象的视频或其他内容。

❑ 隐藏所有与你想要塑造的"专业人设"无关的视频，
或直接删除或将其从公开（public）转为私密（pri-
vate）。

❑ 留意你之前点赞（like）或者评论过的那些视频，以
及你关注的频道——这些内容都有可能提供搜索进而
出现在律所招聘主管的屏幕上。

❑ 你可以创建一个新的 **YouTube** 账户，专门用于发布你录制的或者未来可能会录制的各种特定行业或细分市场相关法律话题的视频。

❑ 现在，你不需要任何专业设备，一台智能手机就可以帮你完成高清短视频的录制工作。

　○ 你需要买一套手机专用的三脚架和手机支架。网上有不少低于 10 美元的产品供你选择。

　○ 仔细阅读本书的"写、讲、重构与重复利用"等相关章节，或许能让你找到一些短视频选题及创作的灵感。

阅后即焚（Snapchat）

　　手机即时通信软件阅后即焚（Snapchat）无法在建立个人品牌这件事上为你提供任何帮助，反而可能造成不必要的伤害。与对待其他社交媒体一样，在这些平台上发布内容、进行分享时，你需要时刻保持谨慎、保守，对自己的行为后果做出正确判断——你永远不

知道有谁会查看你的账户。

名　片

- ❑　请务必养成随身携带名片的好习惯!
- ❑　有些人认为在社交媒体极为发达的今天随身携带名片是一个过时又老派的行为,但事实是名片在如今的职业社交当中仍然扮演着至关重要的角色——特别是当你想要结识的是那些较为年长、非常资深、能直接为你提供工作机会的合伙人时。
  - ○　一张名片不仅可以让你表现得很"职业",也会让那些能为你提供工作机会或者业务线索的关键联系人感受到你已经做好准备并且将会全力以赴。
- ❑　如果你希望别人能记住你,并且和你建立真实的社交关系,那名片就是你最容易获得也最简单实用的工具。
- ❑　你的名片上应该包括以下内容:姓名、电子邮件、手机号码、领英主页的网址、推特的用户名(格式为@rossfishman)、你目前就读的法学院以及预计毕业的时间。
  - ○　你的职位可以直接写为"法学院学生"。
- ❑　你也可以在职位上突出你选择的细分领域或者行业,

比如"专注航空法的法学院学生"。

❑ **上网订购 250 张高质量的名片：**

　○ 推荐选用 110 磅的白色亮光纸作为名片用纸。

　○ Overnight. com 和 Vistaprint. com 这两家线上数码印刷网站的性价比都很高。

❑ **不要把你的名片遗忘在抽屉最里面的角落里；只有随身携带，这些名片才能为你提供帮助。以下这些方法可以确保你在需要的时候总能拿出几张名片：**

　○ 在书桌上留下 75 ~ 100 张名片，放在一个盒子里保存；把其他的名片放入你常穿的裤子、西装、大衣、衬衫、夹克的口袋，钱包，你常背出门的健身包、电脑包、公文包及手提包。

　○ 用橡皮筋捆好一摞名片，放在你最常用的登机箱的夹层中，确保你不必面对风尘仆仆地到其他城市开会却忘带名片的窘境。

　○ 你可以参考这段短视频中其他有关名片的使用方法：《社交技巧：名片策略》，https：//youtu. be/ rAA3291QWnQ。

❑ **对了，女士服装可能没有口袋。**

　○ 你需要为职业社交活动专门准备几件有口袋的西装外套。

　○ 参加重要的社交活动时，随身携带一个有肩带和外兜的小手包，这样你才能优雅又轻松地拿出自己的名片，而不是在大公文包里一阵乱翻。

○ 如果活动现场发放了临时的名牌，你可以提前拿几张名片夹在名牌后面；如果现场没有名牌，或者名牌需要别在衣服上，那你也可以在自己的手机壳里藏几张名片。

❑ 为避免在职业社交场合出现把自己的名片和刚收到的名片弄混或者错发的情况，你需要养成这样一个好习惯：在出席活动时，自己的名片一律放在衣服的左侧口袋，刚收到的名片则一律放在右侧口袋。

法学院的职业服务

你将为求职活动的最终结果承担个人责任。也就是说，你需要而且应该竭尽所能、利用好全部现有资源去完成这项任务。这其中最容易被忽视的资源就在教室门外、走廊尽头的那个房间里——法学院执业服务中心的工作人员。这些人致力于为法学院学生的职业发展提供支持和帮助——他们的工作就是帮助你找到理想的工作。

对这些工作人员来说，帮助大家眼里的"好学生"——特别是那些在法学院就读期间参与《法学评论》编辑工作的学生在顶级律所找到高薪工作当然是一件会令人开心的事情，但应届毕业生毕业一年之内、在法律行业的就业率也是他们的重要考核指标之一。

与此同时，很多法学院排名机构在评估法学院的教学质量时也使用了新的维度：诸如 AboveTheLaw. com 等影响力较大的排名机构早已不再单纯比较法学院新生的大学绩点或者 LSAT[①] 成绩了。在排名过程中，"毕业生的就业率"也是非常重要的评估指标之一。帮助所有毕业生都找到工作让法学院承受着越来越大的压力。由此，各大法学院逐渐制定出了完善的制度，以便为学生提供全方位的帮助。当然，我非常希望你能自己通过网络或者其他方式找到那些在你选择的细分领域或者行业积累了大量经验或者

---

① 全美法学院入学考试（Law School Admission Test，LSAT）。

客户的本地律师及律所，但其实大部分法学院的职业服务中心都可以为你提供检索这些信息的资源和数据库，并帮助你顺利找到你的潜在雇主。如果你以具体律所或公司为目标，那么职业服务中心的工作人员也可以帮助你找出这家律所、公司或者机构的核心业务及专长。

我和很多法学院职业服务中心的工作人员有过深入交流，发现他们中大部分人都为自己没能向更多学生提供帮助而感到沮丧和遗憾。作为法学院的学生，你需要主动寻求他们的帮助，他们并不会主动来找你，但却真心希望能助你一臂之力。他们经常会恳切地说，"请和我们保持联系，让我们及时了解到你的求职近况"。我的建议是及时接听他们打来的电话，或者回复他们发来的电子邮件！根据全美律师协会的认证要求，毕业生的就业情况是《美国新闻》（*US News*）等权威榜单对法学院进行排名时的重要参考数据。

毕业生就业数据的准确性非常重要。法学院对谁、何时、在哪里、找到了什么工作这些就业信息掌握得越准确，排名就越有可能提高。你肯定希望自己的母校能在各大榜单的排名中名次越来越靠前，而在这件事上，从找到工作那一刻开始，你就可以助母校一臂之力了——你需要做的就是告诉法学院职业服务中心的工作人员你找到了工作，并提供他们需要了解的其他具体信息。他们会分享你的喜悦，并和你一起庆祝。

第 一 学 期

第一年（法学院一年级）
整体思路：
（1）好好学习；
（2）努力加入《法学评论》编辑社。

在第一个学期，你的首要任务是成为一名成绩优异的法学院学生——没准你就是全班排名前 25% 的学生之一！在这个学期当中，你需要开展的积极社交活动很简单：不要和过去的朋友失去联系。

和所有在大学时期的同学、朋友保持联系，坚持你的个人爱好，继续为你选择的公益组织献爱心。法学院的学习势必会"吞噬"你的大部分时间，你一不小心就会变得"两耳不闻窗外事"。为此，你可以给自己设置一些日历提醒，确保你能每隔一段时间就和过去的朋友叙叙旧。总有一天你会为自己今天设置的这些提醒 感到庆幸。

在法学院范围内明确自己的"人设"。在这个学期当中，你需要集中精力迅速和同学、教授、法学院的行政人员以及职业服务中心的工作人员建立联系，为自己在法学院的内部营销工作打好基础。你需要提高自己在法学院的存在感和"知名度"——法学院的同学将成为你在法律行业的首批"关键联系人"。未来，他们中会有很多人成为知名公司的资深法务，这就意味着他们会成为你的客户或者为你介绍优质案源。

人缘越好，竞争优势越大。

你从这本书中学到的差异化战术与律所顶尖"造雨者"以及资深合伙人争取客户时采取的战术完全相同。你在法学院就读期间建立的人际关系网有一天会成为你的

"潜在客户群"。因此，你和同学之间的沟通交往并不是在浪费时间。在这个问题上，目光一定要足够长远。

以下是一些能帮助你创造美好未来的具体方法。

❑ **利用传统方法和社交媒体与所有现有联系人建立并保持联系。**

  ○ 主动组织并积极参与日常社交活动、发送节日祝福、共进早餐或午餐，或者偶尔一起喝杯咖啡。

  ○ 在领英（LinkedIn）、脸书（Facebook）、推特（Twitter）、Instagram 和阅后即焚（Snapchat）等各种社交媒体上，定期发布有趣的内容，保持存在感。

❑ **主动和法学院职业服务中心的工作人员建立联系；他们拥有非常丰富的资源，而且他们中的大多数人都真心想要为你提供帮助。**

  ○ 通常，法学院职业服务中心的工作人员都了解或者掌握着宝贵的、与实习或工作有关的重要信息。如果你确实在努力为自己争取更理想的工作机会，他们也会积极为你提供各种支持，帮助你实现目标。

  ○ 法学院职业服务中心的专家经常会说：需要帮助的学生，往往都不愿意寻求帮助。

    • 你不要犯这种错误！主动联系职业服务中心的工作人员，告诉他们你需要什么帮助。抓紧时间！

❑ **拓宽你的人际关系网。创建自己专属的邮件列表或电**

子表格，把现有联系人的信息都放进去。

○ 不少免费的线上工具可以帮你完成这项工作，比如最为大家熟知的 MailChimp。

○ 尽可能把你认识的所有人都放进你的邮件列表或者电子表格中。在这件事上，你需要遵循的大原则是"就多不就少"。

❑ 创建邮件列表的目的是方便发送并管理群发邮件。也就是说，在把其他人的联系信息放进你的邮件列表之前，你可能需要礼貌性地征求对方的同意。你的邮件列表中应该至少包含以下这些人：

○ 法学院同学；

○ 童年、高中和大学时期的同学及朋友；

○ 前同事；

○ 专业或行业协会的联系人；

○ 你感兴趣的细分领域的重要联系人。

❑ 如果你还没有 Gmail 邮箱，请抓紧时间创建一个。

○ 你现在使用的法学院邮箱很有可能会在你毕业之后不久被收回或注销。因此，在求职过程中尽量不要使用这个邮箱作为联系邮箱。

○ 不要使用 AOL、Hotmail、雅虎、Zoho 或者其他免费邮箱。Gmail 是目前大家对私人邮箱的通用选择。即便在你加入律所之后，除了公布在律所官网上的工作邮箱，你也仍然需要这个邮箱。

- ○ Outlook 邮箱也是不错的选择；如果你过去一直在用 Outlook，那也可以选择继续使用它。但如果你打算重新开始，Gmail 是目前的最佳选择。

❑ **你的 Gmail 邮箱要看上去很"职业"——用自己的姓名作为邮箱地址，而不是任何极具个人色彩的昵称或者特别可爱有趣的形容词。如必要，你可以在邮箱地址中加入中间名的首字母。如果在你用自己的姓名注册邮箱时系统显示该邮箱地址已被占用，那你可以在姓名后加上数字。**

❑ **至少每天检查一次邮箱，包括周末。**

- ○ 有些非常重要的联系人可能会在非工作时间或者很奇怪的时间点给你发送包含重要内容的邮件，能否及时回复这些邮件对你能否找到理想的工作或者能否和关键联系人建立紧密联系至关重要。

第 二 学 期

第一年（法学院一年级）
整体思路：
如果你的成绩无法给顶级律师事务
所留下深刻印象，那就另辟蹊径。

进入第二个学期之后,你可以开始为接下来一两年的努力打基础了。未来,你需要不断完善、改进今天搭建的这些"基础设施",让这些基础工作与你的职业生涯完美衔接。

抬头看看你周围的同学。为了丰富自己的履历,有些人在繁重的学习之余还兼任各种社会职务,包括班长、社团主席或者其他社会团体的负责人。这种方法确实能让这些同学在法学院中脱颖而出。

我希望你愿意付出更多努力。

在法学院,担任班长的通常是人缘最好的学生——至少也是学校里的风云人物。这种经历足以证明你获得了同学的喜爱和尊重,这一点非常有价值。当然,如果你不喜欢通过与同学竞争获得这种"通用领导力",也可以考虑在某些专业知识领域或者细分行业中获得"专业领导力"。

通过一些正常课堂学习之外的付出和努力,你可以让自己变成更重要、更有影响力的人——在负责招聘的合伙人或者招聘主管心目中更有价值的人。在这些付出和努力的基础上,你需要做的无非是通过最直接、最清晰的方式向律所说明"为什么你对于律所/公司来说是有价值的"。

如果你的目标是入职一家小型律所,那你需要做的是加入而且是以一种有意义的方式加入一个学生团体或组织。

你需要通过努力在学生团体或组织中担任重要的领导职务或主导某些重要项目——这才是有意义的加入方式，否则你的那些"与学生团体有关的经历"在律所面试时很有可能根本无法引起合伙人的注意——律所不太关心你到底加入了什么团体或者组织，他们更关心的是你从中学到了什么、获得了什么——如果没有担任任何领导职务，你就不会有太多值得分享的经验和故事。选择一个学生团体即可，利用剩余时间积累更多与法律相关的实践经验。你的精力有限，因此要集中注意力，不要太过发散。比较理想的情况是你加入的学生团体和你感兴趣的执业方向直接相关。

你可以选择加入一个围绕着特定领域或者行业组织起来的学生团体，比如刑事诉讼、人身伤害法或能源法协会，也可以选择成为法律诊所或者法学院其他常规公益活动的志愿者，在你感兴趣的执业领域或者行业中为别人提供帮助，比如加入家事法或移民法协会。

你的新目标：焦点

"你有头脑。
你有脚力。
你想往哪儿走就往哪儿走。
孤身上路，你自持自知。
路在何方，你自有主张。"

——苏斯博士
《哦，你将去的地方！》

现在，你要决定未来的职业发展方向了。

你需要记住的最重要的一点是无论你的处境如何，都不会希望自己成为一名聪明却普通且掌握了一定法律技能的"万金油型求职者"。你的目标是成为一个能为别人创造价值的人。也就是说，你需要拥有一些其他法学院毕业生尚不具备的特殊技能，或者拥有远超同年毕业生平均水平的专长。

我希望你能集中精力，专攻一个细分行业或者特定的利基市场。①

以我自己举例：我特别了解工业轮胎制造业。我的父亲和祖父设计并制造了很多专门用于地下采矿机、履带车和装载机等重型设备的轮胎。在我的记忆中，轮胎填充物的各种成分是家里晚餐的常规话题。

上小学五年级时，我参加学校科技节的作品是"迷你卡特彼勒叉车和硫化橡胶轮胎"。我还操作过固特异公司的飞艇。高中时代，我的暑期工作是在一家充满煤烟的工厂打工。在那里连续工作了几周之后，我感觉自己的鼻孔里都能搐出油性炭黑。这是我们的家族产业。我的姐姐和

---

① 参考视频：《律师事务所市场营销：市场领导地位与占领市场》，https：//www. youtube. com/watch？v＝3 rfii1 EJUF4 及《为什么专业化律师拥有更多客户？》，https：//www. youtube. com/watch？v＝plpgXclGhv0&list＝PLC40A5B8B1FDA2B3E（原文注）。

妹妹也都对工业轮胎的知识了如指掌。

因此，我认为自己绝对算得上是工业轮胎制造业——一个数十亿美金的"小"行业的"内行人"。这个非常具体的行业中既有固特异、古德里奇、约翰迪尔这样超大型橡胶进口商，还有许许多多化学品制造商、煤炭及矿业公司。

所有这些公司需要聘请律师担任法律顾问，提供日常法律服务。我认为在了解工业轮胎制造业这件事情上，我比全美国任何一名法学院毕业生都更出色，甚至比很多资深律师知道的还多。

非常可惜的是，当时的我并没有意识到找到一位了解工业轮胎制造专业知识的律师对这些公司是一件多么难得的事情，也没有意识到为这些公司提供法律服务的律所有多么渴望能招到一位深入了解这个行业的法学院毕业生。

在工业轮胎制造领域，我可以提供的是律所中最资深的合伙人都不可能了解到的专家级别的专业知识。对于想要在这个领域拓展业务的合伙人来说，我绝对是不可多得的人才。

如果我当时知道自己的价值所在，并着力突出自己的优势和特长，在找工作的时候或许就能采取更积极、更有针对性的方式，凭借能直接面向行业客户的能力从众多毕业生中脱颖而出——遗憾的是，我当时还没意识到这件事的重要性。

以工业轮胎制造的上下游企业为目标的美国律所不在少数，也就是说，当时有许多家在这个行业中有现有或潜在客户的律所其实都可以从我身上获益。

加利福尼亚州、科罗拉多州、犹他州以及其他州的不少律所都很擅长为硬岩矿山企业提供法律服务；西弗吉尼亚州的很多大型律所还专门成立了采煤业务团队，但在这些律所中，仅有极少数律师坐上过那种摇摇欲坠的电梯下到矿井底部——而我，经常坐。

这些采矿企业需要律所为他们提供全方位的综合商事法律服务，涉及的领域可能包括房地产法、税法、环境法、劳动法、移民法、诉讼，等等。我或许不是环境法律师，但作为"内行人"，我了解这些企业会遇到哪些共性问题。

在求职阶段，我本该向那些正在或者准备为工业轮胎、橡胶和采矿企业提供法律服务的律所"大肆兜售"我掌握的专家级行业知识，但我却没有这样做。如今，你可以直接通过谷歌找出哪些律所在为你关注的行业或者细分领域提供法律服务。此外，大多数法学院职业服务中心都拥有自己的行业数据库，可以帮你收集、整理律所已经公开的客户信息。

成为诉讼律师之后，我本可以集中注意力、利用自己的专业知识为工业轮胎制造企业创造价值，而不是仓促地给自己扣上"普通商事诉讼律师"的帽子，然后在芝加哥漫无目的地向各种偶然结识的公司法务推销自己的服务。

很显然，我并没有充分利用自己的经验——但你可以。你可以从自己转入法律行业之前的工作经验入手，比如房地产、建筑工程、医疗保健、金融、保险等。你有家族企业吗？决定学法律之前，你是做什么工作的？你在大学学的是什么专业？

你有什么与众不同的兴趣爱好或者特长吗？更多有关这方面的建议，请参阅本书附录。如果你需要寻找灵感，也可以翻阅标准行业分类代码列表（Standard Industrial Classification，SIC），或许你能产生其他有趣的想法。[1]

你要思考的核心问题是你掌握了哪些对律所有价值且其他候选人短时间内无法获得的专业技能或行业知识？基本上，对大型综合律所来说，任何行业的专家级经验和知识都可以产生差异化，从而创造价值。我的朋友史蒂文·博坎（Steve Borkan）经常在警用电击枪侵权案件中为市政府提供辩护；我的另一位朋友迪安·格伯（Dean Ger-ber）没有选择成为普通的公司融资律师，而是专注于航

---

[1] 参考链接：https：//siccode.com/en/siccode/list/directory（原文注）。

空金融租赁业务——与飞机和直升机租赁有关的各种交易。

根据不同律师的背景和经历以及由此形成的"独门秘籍"，我们为数百位律师找到了属于他们的利基市场。这些具体又有趣的业务领域及目标客户群体包括：

- 佛罗里达州桥梁和隧道工程；
- 加州中部农场和农业项目；
- 纽约州北部林业合规与监管事务；
- 温哥华地区伊朗裔离婚案件；
- 路易斯安那州石油天然气公司；
- 加州成人用品业务；
- 全美啤酒公司；
- 全美马主的离婚案件；
- 阿拉巴马州害虫防治公司；
- 不列颠哥伦比亚省卡车司机酒后驾驶案件；
- 加州冲浪运动相关业务。

如果你擅长的专业领域有一个单独的标准行业分类代码与之对应，那几乎可以肯定——市场上一定有至少一家律所或业务团队专门为该行业提供服务。如果律所团队中能有一位在该行业拥有专家级知识的"内行人"，律所和客户都将因此获益。

在考虑自己重点发展的专业领域和细分行业时，你需要考虑的其他因素包括：

- 你有哪些能为律所创造价值的兴趣爱好或专业技能？

- 你有哪些执业资格和毕业证书？你的书桌上有哪些与你的个人经历有关的纪念品？

- 每天晚上、周末或其他课余时间你都在做什么？

- 你自己、你的家人或配偶在哪些行业积累了比较丰富的人脉资源？

- 列出所有亲朋好友的工作和职务——他们的工作是否集中在一个或者几个细分领域？

接下来，你会读到一份《目标市场营销工作表》，我的建议是请你仔细阅读这份工作表并认真填写——这是一个不错的开始。这份工作表能帮你想清楚到底应该把注意力放在哪一个或几个细分领域或行业，并引导你在相关领域积累更多有说服力的经验。完成这些任务，你将更有可能收获一份成功的事业。

选择正确的协会和团体。

当你逐渐缩小范围并最终明确自己重点关注的细分领域或利基市场后，接下来你需要完成的任务就是找到该行业或领域中受到广泛认可的专业组织或协会。

然后，你的终极目标是成为这个协会或组织的正式成员——一名活跃、积极、友好、乐于助人的成员。

你需要花些时间去认识并了解这个协会或组织中的其他成员——特别是那些在协会中担任领导职务的资深会员。你可以通过以下方式充分利用自己的会员身份：

❑ **不要太过功利，你现在的任务仅仅是去认识一些新朋友，通过他们了解你关注的这个行业或市场，然后仔细思考自己怎么样为协会或其他会员创造价值。**

❑ **有些协会或组织的分会每月都会固定举办月度大会，在全年举办的 12 次常规月会中，你至少要出席 8 次。我知道你可能会觉得这太浪费时间了。我能告诉你的是，这些时间是你对自己未来的重要投资。**

❑ **积极拓展自己在协会或组织内的人际关系网；努力结识协会或组织里的所有成员。你可能会逐渐发现大家也都很想认识你——一名法学院的学生、未来的律师。**

❑ **在和协会其他成员交谈的过程中，要确保焦点在对方身上。**

  ○ 记住"二八交流法则"：在和对方沟通的过程中，花 20% 的时间说话，提出有价值、有深度且关于对方（个人生活、兴趣爱好、工作或经历）的问题，用其余的 80% 的时间认真倾听对方的回答。

  ○ 要知道，科学研究表明，在双方沟通的过程中让对方说得越多，（1）他/她就越相信你是一个聪明人；

（2）他/她就越喜欢你！

❑ 我的一位朋友认为，在职业社交场合，对别人感兴趣，远比让别人对你留下"这真是一个有趣的人"这种印象重要。我对此深以为然。与成为全场瞩目的焦点相比，展现出对其他人的好奇和"兴趣"，主动了解对方的处境或困难，并想办法帮助他/她获得成功，才是突出你的价值的正确方法。

❑ 绝大多数的律师认为，律所的"造雨者"一定会在让其他人感到尴尬的职业社交场合如鱼得水——或许的确如此，但这却不是他们能获得其他人无法拿到的业务和客户的根本原因。各种社交活动有助于他们积累人脉资源，但"造雨者"能拿到业务和客户的真正原因是在和人交往的过程中善于倾听，而且擅长迅速帮助对方找到解决难题的方法或者思路。我相信这一点我们都能做到——况且对大多数律师来说，与其在活动现场口沫横飞地自吹自擂，还不如脚踏实地，用自己的专业能力为对方提供一些切实有效的建议。

❑ 按照你自己的专长和兴趣，选择加入协会或组织中的一个专业委员会，并积极完成专业委员会的各项工作。

　○ 你在担任"志愿者"时的表现，将会成为协会中其他人了解你的主要渠道，也是大家对你的专业能力做出判断的依据。

○ 举个简单的例子，你能否竭尽所能在截止日期前完成
指定任务？

❑ 如果你加入的是一个与法律行业有关的协会，也可以
考虑邀请协会的领导或资深成员到你就读的法学院举
办讲座或研讨会。

目标市场营销工作表

你或许在想："我听懂了，我应该把精力放在一个具体行业或者细分领域上，可我应该把精力放在哪个行业上呢？"

现在，你的目标是找出 1~2 个特定行业或细分领域，然后依靠你在这个行业或领域中的努力和积累吸引招聘主管的注意，并以此获得面试机会。在成为律师、正式开始执业之后，你应该为自己设定更为长远的事业目标——成为一个细分领域的市场领导者。

这张工作表旨在帮助你思考并最终确定自己的"起点"。"起点"选在哪里非常重要：如果你选择作为起点的细分市场足够特别且潜力十足，那这个选择不仅能帮你顺利拿到离开法学院之后的第一个录用通知书（offer），还能在日后为你带来源源不断的目标客户。

我们之前讨论过，你需要根据自身情况为自己选定一个特定行业或细分市场，或者一个可以被"标签化"的目标群体，或者一个具备潜力的新兴交叉领域，再或一个需要具备某些专业知识才能"入门"的特殊领域。目前，在主要为企业提供法律服务的大型综合律所中，根据客户所在行业划分，规模最大的专门团队主要有医疗、房地产、保险、建筑工程、银行与金融业——你可以以此作为参考。

你现在已经掌握的非法学专业知识主要涉及哪些领域？请注意，你关注的行业门槛越高、知道的人越少，你的独特背景就会越突出——当然，对你的这些"冷门知识"有需求的律所也就越少。

比如，基本上所有大型律所都专门成立了房地产业务团队，但专门为卫生保洁、货运或物流业成立单独的业务团队的律所屈指可数。律所的金融业务团队通常都是人丁兴旺，竞争也会相对激烈，因此他们经常会对前来应聘的候选人提出一些具体的要求，比如必须具备金融机构从业经验。

或许没有多少家律所能为语言治疗师、汽车经销商、小餐馆、牙医或打印店提供法律服务，但这并不妨碍那些有能力为这些行业或群体提供服务的律所产生"想要吸引那些在某些特定行业或细分领域拥有相当经验和人脉的法学院毕业生加入自己的团队"的想法——毕竟这样的毕业生可遇不可求。

我曾经为阿拉巴马州的一家律所提供过咨询服务，帮助他们成立了专门为病虫害防治企业提供服务的团队。后来，为了更好地宣传这项业务，我给他们起了一个昵称：虫子律师。这些虫子律师就非常希望能吸收那些有生物、化工、农业等相关行业经验或者本科学习昆虫学的法学院毕业生加入他们的团队。

你应该关注什么行业或细分市场？

对你熟悉的领域或行业的主要公司做一次评估：公司

规模通常与律所规模成正比。也就是说，规模较大的律所通常需要吸引规模较大的公司，因为只有这些公司才有实力、有意愿支付大型律所较高的小时费率；规模较小的律所的目标客户群体通常也是规模较小的公司或者重要的个人客户。那些大家都喜欢的"充满乐趣的行业"，比如体育、艺术、娱乐、音乐、时尚其实是很难挤进去的，律所之间的竞争也是非常激烈的。

哪些技能、兴趣能帮你找到合适的目标？

在你目前已经掌握的专业知识、已经具备的专业技能中，有哪些是法学院的其他学生不太可能在短时间内掌握或具备的？你对哪些行业或目标群体是真的感兴趣且可以沉浸其中？在做出最终决定前，你可能需要一些时间自省，但务必要诚实、务实、客观。

在回答这两个问题时，以下这些因素或许能帮你理清思路：

❑ 你自己特别喜欢哪些行业？

❑ 你和哪一类人之间能产生良好的互动和合作？

　　○ 换言之，根据你以往的工作和生活经验，哪些行业或者哪一类人会很容易地就对你产生好感和信任？

❑ 你的个性、特点或者以往经历中有没有能让你脱颖而出的"亮点"，或者有趣的"记忆点"，能让别人记住你？比如：

○ 你的工作经历或者参与过的志愿者项目能不能成为大家热烈讨论的话题？

○ 你在本科阶段就读的专业是什么？

○ 你为自己的家族企业打过工吗？

○ 你的家人或配偶从事的工作需不需要依托强大的人脉资源？

○ 你的哪些个人关系能在这个行业中助你一臂之力？

○ 你的哪些兴趣爱好能在这个行业中助你一臂之力？

○ 你的其他经历能不能帮助你在这个行业或领域中拓展人脉资源？

选择一个行业或一个行业协会。

虽然道理很简单，但在实际操作中，到底应该如何选择行业以及行业协会，却不是一件容易的事。事实上，对大部分法学院学生来说，这都是一个需要反复思考、评估、比较和尝试的任务——因为没有任何一种选择一开始就具备"压倒性胜利"。

为尽快找到属于你的利基市场，你可以去公共图书馆或法学院图书馆，借阅盖尔出版社出版的《行业协会百科全书》（*Encyclopedia of Associations*）①。我相信，即便你只是随手翻翻这套书中按字母顺序排列的协会名录就会大受

---

① 《行业协会百科全书》（*The Encyclopedia of Associations*）收录了美国境内的 25 000 余个协会、社团和非营利组织的详细信息。

启发。你会惊奇地发现这是一件非常有趣的事：你很有可能会发现一些你"做梦到想不到这居然是一个独立的行业"的细分领域或利基市场。

☐ 《行业协会百科全书》收集了 **25 000 个全国及地区级行业协会和组织的联系方式与会员信息，不仅可以帮助你确定目标行业或细分市场，还能帮你找到在目标行业中适合你加入的行业协会或组织。**

　　○ 你要寻找的行业协会应该大致满足这些条件：（1）在你居住的城市设有分会；（2）拥有 500 ~ 1 000 名会员；（3）全国性组织。

　　○ 通过《行业协会百科全书》收录的会员信息，你可以确认某个协会或组织的现有会员中有没有你想要认识的"关键联系人"、你想加入的律所的合伙人或在你正式执业之后想要拓展的重要客户。

☐ **通过邮件或电话等方式，直接和你感兴趣且满足以上条件的协会取得联系，了解加入协会的具体要求和费用，核实你在《行业协会百科全书》中找到的有关协会及现有会员的重要信息。**

☐ **如果你联系的协会及会员的真实情况符合你的需求，那就抓紧时间，申请入会！**

　　○ 如果协会当中有你认识的人，在确定加入协会之前，你可以先和他们取得联系，核实你搜集的协会和会员信息。

❑ 如果你发现自己想要加入协会的现有会员基本都是和你一样的职场新人，或者只是企业和律所的中层管理人员，也不要太过失望或者有任何疑虑。事实上，你完全可以充分把握机会，和这些现有会员"相识于微时"——在大家都还处于事业起步阶段时建立深厚的友谊。你要相信总有一天这些会员中会有很多人成长为律师人选的最终决策者，而你也会成为经验足够丰富、专业能力能与这些会员的需求相匹配的行业专家。

你可能会问，那然后呢？

❑ 参加协会的各项活动，成为积极主动、乐于助人的"模范会员"。

　○ 按时参加协会的月会以及其他活动。

　○ 真实地表达自己，确保自己乐在其中。

❑ 努力争取担任协会或组织的领导职务，比如，

　○ 专业委员会的主席。

　○ 会员服务处的负责人。

❑ 不断提升自己在协会中的存在感和知名度。

❑ 把行业协会的各项工作和活动作为接下来一段时间的社交重点。

❑ 抓住各种发表专业文章或主题演讲的宝贵机会，充分

展示自己。

　总结。

　开展目标明确的个人市场营销活动不仅有助于你保持专注，还能让你更快地想清楚该如何用好大家都在使用的那些"标准工具"，包括：

❏　**博客**。

　○　利用免费版的 WordPress，你可以轻松创建自己的博客主页，用以展示你对目标行业的深入理解和研究。这个博客的更新频率不需要太高。

　○　这个博客足以证明你对目标行业的投入和用心。

❏　**社交活动**。

　○　"有目的"地结识目标行业中的关键联系人。

❏　**研究**。

　○　学习目标行业的专业知识。你必须充分了解目标行业的运作方式以及所有约定俗成的重要"行规"——让自己成为真正的"内行人"。

　○　如果连目标行业中最常用的专业术语都用错，你又该如何证明自己是了解这个行业的法律专家呢？

❏　**个人主页和简历**。

　○　确定自己未来的发展方向之后，你可以把目标行业或细分领域写进所有和法律执业有关的主页及简历中，包括领英、推特以及正式的求职简历。

❑ **社交媒体**。

○ 在领英的个人总结（summary）和经历（experience）里加上你选择的目标行业或细分领域。

○ 定期在推特上发表与目标行业有关的推文，比如你最近参加的行业活动。"发推"能帮助你迅速建立、强化自己在目标行业中的个人品牌，如果你发表的内容独特又有趣，或许还能引起一部分行业媒体对你的关注——最重要的是"发推"本身不会占用你太多时间和精力。

○ 定期在领英、脸书或其他你常用的社交媒体平台上发表或转发你写的各种与目标行业有关的专业文章。

❑ **演讲和写作**。

○ 利用午餐或课后时间针对目标行业或细分领域中的热门话题在法学院发表"小型"主题演讲。

○ 做这种小型主题演讲时，不要过多考虑听众的人数。

○ 定期向行业期刊、网站或杂志投稿。

❑ **法学院社团**。

○ 围绕目标行业，成立一个属于自己的法学院社团，比如成立"埃默里法学院病虫害防治业务社团"并担任社团主席。

○ 定期组织社团活动。

○ 利用社交媒体大力宣传这个社团以及社团的各种活动。

○ 阅读下一章，学习更多方法和技巧。

社交技巧

阅读上一章之后，你现在应该已经确定了自己的目标行业、目标受众，找到了目标受众较为集中的行业协会，也知道目标协会会定期组织什么样的定期活动了。接下来，你需要做的就是在合适的场合与这些目标受众建立联系并和他们"厮混"在一起。当然，你可能会问："我在活动现场该怎么做？"

现在，我们就来共同面对并解决你的问题。

首先，需要明确一点：你对这场活动的演讲嘉宾或讨论的主题有没有兴趣根本不重要。对你来说，最重要的是你的目标受众在这里。如果你真的专注于这个行业，那你十有八九也应该出现在这里，毕竟这是"内行人"集中"出没"的场合。到达活动现场后，你必须在规定时间内——活动正式开始前的一小段时间、茶歇以及活动结束后的一小段时间，迅速结识新朋友、问候老朋友。

在参加这种行业活动时，你的首要目标是尽可能多地结识目标行业的从业者，拓展你在这个行业中的人脉资源。通过这个千挑万选找到的行业协会，你可以有效提升自己对目标行业的认知，同时迅速在行业内建立个人品牌。或者，更直白地说，你的目标是找到更多可以写进简历并为你提供求职助力的机会，以及更多可以在面试过程中与招聘主管和合伙人们讨论的专业话题。

❑ 社交活动是一项长期工作。学会认识更多"正确"的人——**可能会成为你未来雇主、合作伙伴、潜在客户或付费客户的人。**

○ 学会积极聆听，这一点至关重要。

○ 认真学习行业知识、做好"功课"，然后抓住机会向目标行业的从业者提出具体问题——机会总是留给那些已经准备好的人。

○ 认真倾听，你的目的是通过这样的交谈找到协助对方实现目标的机会。

○ 向法学院申请举办教授社交技巧的课程或讲座。[①]

○ 请记住，"社交技能"并不是什么神秘的天赋，而是可以后天习得的技能，而且掌握这项技能并不困难——只不过有些时候你可能会发现真正有用的技巧和你的那些本能反应大相径庭。

○ 你需要学会的第一个也是最重要的社交技巧是认真倾听对方在说什么，这是获取有效信息最有效的方式，切忌在社交场合自顾自地滔滔不绝。

❏ **活动前。**

○ 明确活动的性质：是正式的商务活动，还是普通的社交活动？

  • 如果是普通的社交活动，那你只需要确保享受整

---

① 参考视频：《律所市场营销：律师该如何高效建立并拓展人脉关系》，https：//www.youtube.com/watch? v＝bVuH－5Wxs7Y（原文注）。

场活动就好；如果是正式的商务活动，那一定要认真对待。

- 提前做好准备、制定临场策略——当然，这样做可能会让你无法收获惊喜和意外带来的快乐。

○ 设定一个参加这场活动要达成的目标，把它写下来。你的目标应该务实且具备实操性。比如，"认识两位新朋友""收到三张名片"或者"结识 ABC 公司的法务经理"。

○ 设定一个可以实现的具体目标会让你的行动更具针对性，让你付出的时间更有价值，你想要结识和接触的目标人物会成为你在活动现场的"向导"，同时在活动结束后，有没有实现既定目标也可能成为你复盘活动当天表现的清晰标准。

○ 在活动现场，你务必要完成的任务之一是和你之前结识的朋友打招呼，如果你不知道该和对方聊什么，可以从这两个话题入手：

- 对方最近的业务情况。
- 目标行业近期的新动向、新趋势或者热门话题。

○ 在日历上记录活动的日期、时间和地点，并多留出 1 个小时，确保你能和现场的其他嘉宾充分交流。

○ 活动当天，你需要提前 30 分钟进入会场；活动结束后，在现场多留 30 分钟。

- 真正宝贵的社交时间并不是活动过程中的茶歇，

而是活动开始前和结束后的 30 分钟，因此你需要给自己多留出 1 个小时以充分利用这段时间实现自己的目标。

○ 利用社交平台和搜索引擎做好功课，找出活动参会者中有哪些人是你的"目标人物"。

  • 这些准备工作会让你更轻松、更自信地与目标人物深入交流——"听说你最近正在忙××项目，如果方便的话，能和我聊聊项目进展吗？"

  • 这种有实质内容的沟通方式能让你在对方脑海中迅速留下"这是一个消息灵通的内行"的印象，而这种印象会让他们愿意与你结识并保持联系。

❏ **活动中。**

○ 在寻找和选择"闲聊"目标时，要思路清晰、目标明确。别忘记，你好不容易从法学院繁重课业中挤出时间来参加活动，事前又花了额外的时间通勤、准备——千万不要浪费自己宝贵的时间。

○ 在会场中，你只有 30 分钟去结识那些"贵人"——他们将会在你的执业生涯中发挥巨大的积极作用。你最不想做的就是把时间浪费在"错误"的人身上。

○ 在大多数情况下，会议组织者会给参会者发放名牌，或要求参会者在胸牌上写上自己的姓名和单位，因此在和其他人开始"破冰闲聊"之前，你需要看一下对方的姓名和单位，以判断他们是否属于"目标人物"。在看对方名牌时你需要保持基本的社交礼仪，不要鬼鬼祟祟——毕竟每个人都想知道在和自己聊天的人到底是谁。

- 一开始，你可能会不适应或者无法顺利、自然地完成这个任务。你可以时刻提醒自己："我有一个明确的目标需要完成，我必须做好这件事。"

- 你还需要明确一点：你参加这场活动的目的不是单纯地交朋友，而是去结识未来可能会给你提供工作机会或业务的"目标人物"。交朋友当然很重要，但却不是你今天来参加活动的真正目的——或许你可以在认识"目标人物"之后单独约对方出来，逐渐和他/她成为真正的朋友。

○ 不要专挑那种没有人的桌子或角落就座。此外，之前的规则同样适用于那种提供午餐的行业活动——你需要仔细思考并慎重选择和谁坐在一起吃午餐。

○ 落座时，聪明、谨慎地选择自己左右两边的人。

○ 你会和左右两边的人坐在一起一个小时（甚至更长时间），因此，坐在谁身边非常重要。务必确保他/她是你在这场活动中的目标人物。

❏ **戴好你的名牌。**

○ 如果需要到场后手写名牌，一定要把字写得足够大、足够清晰，同时保持整洁，以方便其他参会者与你沟通、向你提问，并对你留下深刻印象。

○ 如果会场发放的是别针式名牌，你需要把它别在右胸前，确保别人和你握手时可以清晰地看到你的名字和学校。

○ 女性需要规划好自己的着装，以避免别针式或鳄鱼夹式名牌弄坏你价格不菲的丝质正装衬衫。

- 提前置办几套适合正式活动的套装和衬衫，选择"不会出错"的经典款以及不过于娇贵的面料。

○ 如果会场发放的是挂绳式名牌，请一定把它挂在胸前，以方便别人在和你交谈前看到你的姓名和学校。

- 有些挂绳式名牌配有可以调整长度的弹簧夹，请你及时把挂绳的长度调整好，确保名牌在胸前正中；如果没有弹簧夹或者调整到极限后挂绳的长度仍不理想，你可以用打结的方式调整绳子的长度。

- 名牌的挂绳过长、名牌挂在肚子的位置会让与你交谈的人无法看到你的姓名和学校，也就不可能对你留下任何深刻的印象——不要给别人制造麻烦，也不要把名牌挂在令人尴尬的地方而让对方感到难堪。

○ 如果会场发放的是磁铁式名牌，除非提前特别说明需要规划，你可以把名牌留下来，和之前提到过的备用名片一起放入你经常使用的背包或公文包。这种磁铁式名牌既方便使用又不会对衣服造成破坏，适合在必要时反复使用。

❑ **找准时机，从容地结束交谈。你在会场的主要任务是迅速找到目标人物并完成自我介绍，以确保你给对方留下了良好的第一印象，这样才有可能和对方约定再次见面的时间及地点。完成这些任务之后，你唯一要做的就是适时从容地结束谈话。这样，你和对方都可以利用有限的时间结识更多参会者。**

○ 以礼貌的方式结束谈话。比如，你可以告诉对方"我需要回一个紧急电话""我需要去一下洗手间""我刚好看到一位老朋友，需要去打个招呼"，再或者"我需要再去拿杯饮料"。

● 我有一位朋友总是习惯在社交场合点半杯啤酒，这样他就可以很自然地以"我需要去续杯了"或者"我的酒喝完了"为由礼貌地结束那种纯属消磨时间的闲聊——这是非常机智的做法。

○ 你需要记住这段话："和您聊得很开心，虽然我很想多和您深聊几句，但今天活动时间有限，我不能占用您的全部时间，要不我们找一个您合适的时间，单独约着喝杯咖啡？您的名片我收好了，今天回去之后我给您发邮件，再和您确认时间。"

- 用这段话结束谈话之后，请确保你在活动之后信守诺言，做好跟进工作——这项工作可能会有些枯燥或者会让你有挫败感，但却是拓展人脉行之有效的方法之一。

○ 在活动过程中，抽时间在对方的名片上做好记录，写上你通过谈话获得的有价值的信息以及可以在跟进时利用的线索，并记好你承诺的跟进方式和大致时间。

- 你可以在手机上设置一个提醒或者待办事项，并写好详细的跟进信息——否则你很快就会忘记！

○ 在活动现场，你必须强迫自己多和不同的人交谈，特别是当你和某一个目标人物聊得非常愉快时，你仍需时刻提醒自己：尽快结束现在的谈话，去寻找下一个目标人物，以完成自己参加这场活动的目标。

○ 此外，你也需要提醒自己：不要"霸占"对方的社交时间——他/她或许也有自己的目标，需要和其他参会者相互认识或交流。

○ 先忘记你的那些老朋友，遏制自己想要停留在舒适圈里的想法。和自己已经认识的朋友聊聊天当然轻松又有趣，但这并不是你挤出时间参加这场活动的真正原因。

- 如果你没有勇气或者不喜欢单独参加活动，可以邀请朋友或者同学一起去，但必须在会场入口就

马上分开，并约定在活动散场前不花时间和对方
聊天，以确保你能有足够的时间识别并结识会场
上的目标人物，而不是从头到尾和自己认识的人
坐在一起。

- 时刻牢记：对你来说，你参加的所有活动都是正
  式的商务活动，而不是轻松的社交活动——无论
  这场活动本身的性质是什么。

❑ **活动结束后。**

○ 活动结束后，你应该在 24 小时之内和在活动现场结
  识的目标人物成为领英好友。在发送邀请时，你可以
  写一段简短的自我介绍，提及你们共同参加的活动以
  及在活动现场讨论的话题，帮助他们确定你是谁。

○ 把新结识的目标人物的联系方式加入你的私人邮件列
  表或者通讯录，你可以在逢年过节时向对方致以节日
  问候。

○ 尝试在活动结束后的第二天下午发送跟进邮件。邮件
  的内容要做到简明扼要。比如，"很高兴能在昨天的
  活动（或者写上活动名称）上认识您。我十分期待能
  有机会约您见面继续探讨我们谈到的话题（可以加上
  话题的具体内容）"。

- 直接就双方再次会面的具体时间和地点提出建
  议。不要浪费时间提出过于开放的问题，然后陷

入来来回回的邮件当中——你不需要"外交型"沟通。

- 自信且礼貌；对方会非常欣赏你的坦诚和直接。

○ 遵守自己的承诺，哪怕你当时只是随口一提。比如，你可以这样说："昨天和您在活动现场交流后，我对咱们当时讨论的问题又做了一些研究，有些浅显的看法和观点想要向您请教。不知道下周您能否拨冗见面（提出具体的日间时间和地点）？"

❑ **学会"社交型提问"。破冰谈话对任何人而言都不是轻松的任务。你可以尝试学会利用以下问题打开局面：**

○ （握手时看好对方的姓名和单位）和我聊聊（对方所在公司）最近的情况如何？

○ 您具体的工作内容是什么？

○ （对方所在公司）提供的主要产品或者服务是什么？

○ （对方所在公司）的目标客户是谁？

○ 您选择进入××行业的原因是什么？

○ 您在工作过程中最喜欢、最享受的环节是什么？

○ 您认为××行业会有什么变化和趋势？

○ 您目前正在参与的项目有哪些？

○ 您认为我能为您和您所在公司提供帮助吗？

写、讲、重构与重复利用

生产有价值的原创内容并反复使用，传播属于你的声音。

❑ 如今，大家已经习惯性地将"能发表公开演讲"视同为"拥有真正的专业能力"。

❑ 公开演讲的准备工作可以有效督促你去生产有价值的原创内容，然后你可以在社交媒体平台上以不同的形式反复利用这些内容，帮助自己迅速建立个人品牌。比如，将长篇演讲的主要内容提炼并拆分成多篇短文，以系列文章的形式发布到领英等平台上——这是高效建立个人品牌的绝佳路径。

❑ 在法学院为学生社团及专业委员会发表演讲。选择贴合你关注的行业或领域的热门主题，这样才会让你的演讲被视为你在特定行业以及细分领域中的努力和积累。

○ 演讲时间不要过长，10分钟就可以了。

○ 你的首要目标是呈现一场内容丰富且有趣的演讲，用以证明在特定行业及细分领域中，你的行业知识和兴趣比法学院其他学生更为深入。

○ 就像我们之前提到过的，不要太过在意听众的人数。你呈现的演讲本身是最重要的。

○ 发表演讲之后，你可以观看这条短视频，以帮助你完成对演讲内容的重复利用：《有价值的内容营销：如何把一篇演讲变成能帮你获得市场领导地位的文章》[1]。

○ 演讲之前要排练、排练、再排练，认真完成演讲前的准备工作，以确保你能拿出自己的最佳水平。

❑ **在演讲时全程录像。**

○ 法学院的音像办公室可能会有可供外借的录像设备。

○ 当然，你也可以利用手机和一个小三脚架完成这项任务。现在，一个质量不错又方便使用的小三脚架的线上售价可能还不到 10 美元。

○ 演讲结束后，把完整版录像上传到 Vimeo. com[2]。

○ 演讲结束后，把演讲的录像剪辑成系列短视频，每个视频的长度在 2～3 分钟左右，成为一个"固定节目"。比如，你可以每两周更新一集，将这些视频上传至你的 Youtube 频道上。

● 按部就班地做完这些工作后，你就完成了"创建一个属于你的、针对目标行业或细分领域且有实质内容的频道"这项之前在你看来几乎不可能完成的任务。

○ 在编辑视频题目、标签及内容简介时，使用目标行业

---

① 《有价值的内容营销：如何把一篇演讲变成能帮你获得市场领导地位的文章》，https：//www. youtube. com/watch? v = lmalPfFNgJo。

② Vimeo. com，一家总部位于美国纽约的短视频平台，提供免费视频服务，一直被视为是 Youtube 的有力竞争对手。

的专业术语或热门话题，确保其他人能轻松通过谷歌或其他搜索引擎找到你的视频。

❑ **演讲结束后，将演讲的视频或录音转换成文字。如果你不想花太多时间手动完成这项工作，也可以借助各种诸如 Dragon Dictation 和谷歌文档**[①]**等免费的语音—文本转换软件。**

○ 按不同主题，将演讲内容拆分成篇幅不同的专业文章和短文，让更多读者读到你创作的原创内容。

○ 你还可以将专业文章转换成系列推文，通过推特持续发布。

　● 一篇普通演讲稿通常可以输出 10 条以上的优质推文。

○ 如果你愿意支付一定费用，也可以考虑聘请专业编辑帮你完成这些工作。

　● 你可以在 UpWork 或者 Fiverr[②] 上寻找编辑帮你完成重复性较高的工作。

　● 你可以这样描述你的需求："这是根据我的演讲录音和演示文稿（powerpoint，PPT）整理出来的文字稿。我需要把它改成 25 篇推文 +5 篇博

────────────

① 参见谷歌帮助页面的相关内容：https：//support. google. com/docs/an-swer/4492226？ hl = en。

② Upwork 和 Fiverr 是目前两大主流自由职业者平台，帮助拥有一定技能的自由职业者与企业及有需求的个人迅速对接。

客短文 +2 篇 1 250 字左右的专业文 +3 篇 500 字左右的专栏文章。"

❑ **演讲结束后，把你使用的演示文稿上传至 Slide-Share**[①]。

  ○ SlideShare 在谷歌搜索上的权重很高。

  ○ 在 SlideShare 上创建自己的账户，填写详细的个人信息。

  ○ 在编辑 PPT 的标题和内容简介时，使用目标行业的专业术语或热门话题，确保其他人能轻松通过谷歌或其他搜索引擎找到你。

  ○ 在 SlideShare 上传 PPT 后，将分享链接发布到领英动态上，确保所有关键联系人都能看到你的努力和投入。

❑ **将视频和 PPT 的分享链接转发到推特、脸书及其他目标行业日常使用较多的社交媒体平台上。**

---

① SlideShare. net，创建于 2006 年，是一家专门为用户提供演示文稿上传、保存、分享的网站。2012 年，领英成功完成对 SlideShare 的收购。

那么，你在法学院
应该做些什么？

你需要利用极为有限的业余时间，依托法学院职业服务中心的宝贵资源以及你能在网上搜集到的各种信息为自己"打磨"出一份"拿得出手"的简历。

你的简历需要能充分证明这样的事实：你确实对特定行业和细分领域有深入的理解，至少在法学院毕业生中你算得上该领域或者行业的专家了。这意味着你必须具备坚韧不拔和百折不挠的精神，充分利用周末和假期到法学院的法律诊所担任志愿者或本地的小型律所担任无薪实习生，获得更多法律行业的实践经验。

在校期间，你只需要加入一个学生社团和一个专业协会，积极组织并参与社团和协会的活动。你的目标是为自己在目标行业和细分领域积累更多行业知识和专业技能，并在同学中建立特色鲜明的个人品牌。

或许你现在不是该行业或领域中真正的法律专家，但只要你朝着成为真·专家的目标努力并系统性地投入合理且充分的时间和精力，到毕业时你的简历就一定会比法学院的其他毕业生——你的竞争对手们更丰富、更有说服力，你也比他们更像是一名真正的"行业法律专家"。

你需要给别人留下这样的印象：你对目标行业和细分领域付出了毫无保留的努力，这种努力将会让你未来的雇主和未来的客户获益良多。

假设你的家族企业从事轮胎制造业，你也下定决心要充分利用自己在这个细分领域的经验和知识找到一个理想的律师工作，你需要做的是在简历中加入更丰富的经历和成就，及时将你的成果发布在领英等社交媒体平台上，让律所的招聘主管和未来的客户能迅速通过搜索引擎找到你。

你也可以换个角度思考：

那些你的目标行业或者细分领域中公认的行业法律专家的简历是什么样的？

☐ **用这些行业法律专家的简历和你现在的简历做"减法"，以进行对比。**

☐ **这道减法题的答案——你和对方之间的"差"，就是你努力的目标和方向。**

   ○ 你还有两年到两年半的时间迎头赶上；留给你的时间还是比较充裕的。

   ○ 不要急于求成，你的努力需要循序渐进，并且保持足够坚定。

      • 一次只做一件事。

      • 从小事做起。

      • 从能立竿见影、难度较低的事情做起。

最能立竿见影、难度最低的事情是什么？

答案很简单：从不需要额外花钱的事情入手。

需要提醒你的是，这本书中列出的任务和清单并不带有强制性，也不是法学院的必修课，更不可能穷尽所有"可选项"。我想做的、能做的只是为你提供一些具体的思路。你不需要也几乎不可能把这本书中提到的所有任务都完成。我没有也不可能列出所有你能在法学院完成的任务，甚至随着时间的推移，你可能会意识到我遗漏了一些非常不错的想法。

你需要做的是保持积极的态度，给自己制订一套计划然后循序渐进且持之以恒地完善自己的简历，最终达到一个能让你自己满意的状态。这是一场马拉松，不是百米冲刺。也就是说，你还有充足的时间慢慢进步、慢慢成长。不要陷入完美主义的甜蜜陷阱，不要等到所有事情都万无一失了才着手开始。抓紧时间，马上开始！

社会活动当然越多越好。你要总想着利用"空闲时间"组织或参加这些活动——法学院的学生永远没有真正的空闲时间。你需要做好计划和预算。你需要"逼迫"自己养成按计划推进的习惯，并学会享受整个过程。给自己找几位小伙伴并和他们一起努力，你可以帮助他们找到他们的目标行业和细分领域并支持他们在这些行业和领域中投入更多时间及精力。同样地，他们也会给予你更多支持。

❑ 在谷歌上检索你选择的目标行业和细分领域。

❑ 利用谷歌快讯（Google Alerts）① 对目标行业的关键词设置提醒，以及时收到相关行业新闻以及与该行业有关的法律动态提示。

❑ 订阅与行业有关的专业博客及会员月刊。

❑ 然后你会收到一些包含专业文章和行业动态的邮件，花些时间仔细阅读这些邮件的内容。

❑ 学习与行业有关的法律知识。

❑ 在推特上给自己起一个能充分体现行业特征的用户名，比如@轮胎律师，然后定期发送推文。

    ○ 推特是一个好用又不花钱的宣传工具。

    ○ 你不需要在这上面耗费太多时间和精力，一个课间休息的时间就可以把提前准备好的推文发出去。

❑ 创立一个学生社团。

    ○ 最理想的情况是你通过申请获得法学院的认可，设立一个官方社团，比如"埃默里法学院轮胎法社团"。

    ○ 如果法学院没有批准你的申请，你也可以设立"民间社团"，比如"亚特兰大轮胎法协会"。

    ○ 邀请你的同学和朋友加入这个社团。

---

① 谷歌快讯（Google Alerts），由谷歌提供的内容更新检索及提示服务，该服务能找出网络上与用户设置的关键词相匹配的新内容，检索范围包括普通网页、报纸期刊、个人博客及科研成果。谷歌快讯会通过电子邮件向用户发送相关提示信息。具体操作方法参见 https：//www.google.com/alerts。

○ 给每个加入社团的人加上一个"好看"的头衔，这样他们就会更愿意把在这个社团的经历写进自己的简历。

❑ **在网上为你的社团以及所有社团活动留下公开记录。**

○ 利用休息和课后时间组织不定期的午餐会或讨论会。

○ 凡有活动必拍照。

● 不需要特别聘请专业的活动摄影师，手机拍的活动照片就可以。

○ 制作社团标识或条幅，悬挂在活动场地中央或其他显眼的位置，让社团活动看上去更正式。

● 如果制作实体条幅的费用过高，你也可以在活动现场的黑板或白板上直接手写社团全称以及本次活动的主题，注意字迹要清晰、工整。

○ 请社团全体成员轮流站在带有社团标识的讲台或发言席上发言。

○ 把大家发言的照片发到社交媒体平台上。

● 不必太过担心别人可以通过照片看出实际出席活动的成员屈指可数，通过简单地调整拍照的角度或在发布前对照片进行适当剪裁就可以避免尴尬。

❑ **每月至少组织一次社团的午餐会或主题活动。**

○ 在法学院借一个空教室举办社团活动并非难事。

- ○ 及时将社团活动的照片发布到领英、脸书等社交媒体上。

☐ **充分利用社交媒体。**

- ○ 通过推特、领英、脸书等社交媒体发布社团的活动通知及招募启事。
- ○ 及时将社团活动的照片发布到社交媒体上。

☐ **组织社团成员参观、走访目标行业及细分领域的大型企业。比如，组织大家到距离法学院比较近的工业轮胎制造工厂或车间考察。**

☐ **积极参加律协及相关行业协会举办的研讨会和其他活动。**

- ○ 随身带好名片，积极拓展人际关系。
- ○ 与行业协会的负责人及成员结识，收好他们的名片。
  - • 及时将这些关键联系人的信息录入你的个人通讯录或表单。
- ○ 在活动结束后的 24 小时之内，与你新结识的律师及目标行业从业者成为领英好友。

☐ **充分利用谷歌、律商联讯（Lexis/Nexis）及万律（Westlaw），找出哪些律所的哪几位律师正在为你的目标客户提供法律服务。**

- ○ 在领英上向这些律师发送建立联系（connect）的邀请，在邀请中特别强调你对目标行业的投入和兴趣。

- "我知道您常年为轮胎制造企业提供法律服务。我是埃默里轮胎法协会的主席，很希望能与您建立联系。"
- 与"我是埃默里法学院的学生，能否和您建立联系"这种千篇一律的邀请函相比，定制化的内容显然更有吸引力，成功率也会更高。
- 你需要不断参加律协和目标行业协会组织的各种活动，在活动上结识目标行业的从业者或者专门为目标提供法律服务的合伙人，不断积累自己的人脉资源——坚持一段时间，你就很有可能找到理想的工作机会。

❑ **利用 WordPress、Wix 或 Squarespace① 创建一个针对目标行业从业者的个人博客网站。**

○ 坚持撰写专业文章。

- 每月发表一篇原创文章即可——当然，撰写和发布文章的频率越高越好。

○ 你在博客上发表的文章字数应该控制在 250～500 字；如果你习惯用 Word 写作，那合适的文章长度就是双倍行距、不超过两页。

- 撰写博客文章时，要用平实的日常语言、文字风

---

① WordPress、Wix 和 Spacesquare，都是美国主流的、可以免费使用的个人网站搭建平台。

格保持轻松的氛围，遣词造句的难度保持在七年级的初中生能完全理解的水平；如果你不知道该如何把握，可以参考《人物》① 杂志的文章。

- 发表在博客上的文章尽量不要使用脚注，也不要大篇幅引述学术著作。

○ 不必在细节上太过追求完美，完美主义只会拖慢你的进度。

- 但你需要确保全篇文章没有错别字和病句。

○ 把博客文章的分享链接转发到领英、脸书等其他社交媒体平台。

○ 把文章的分享链接转发给你认识的那些擅长为目标行业提供法律服务的律师及合伙人，不断拓展自己的人脉关系网。

○ 将博客文章拆解成若干篇推文，定期在推特上发布。

- 保证数量很重要！

❏ **创建一个 SlideShare 账户**。

○ 展示搜索结果时，谷歌给 SlideShare 的权重很高（至少目前仍然如此）。

○ 在 SlideShare 上创建个人主页，填写详细且有针对性的个人简介。

---

① 《人物》（*People*）是美国发行量最大的周刊，主要刊登名人八卦和社会关注度极高的新闻事件，其也是美国读者数量最多的杂志之一。

○ 关于个人简介，一定不能遗漏你的教育背景和经历，以及你关注的目标行业或细分领域。

  • 你给其他人留下的印象应该是你不仅具备所有法律学院毕业生具备的基础法律知识和专业技能，同时还对目标行业或细分领域有深入的理解和时间积累——它只是一个加分项。

❑ **在你创立的学生社团或法学院学生会发表 5 ~ 10 分钟的主题演讲。**

○ 用手机对演讲全程录像。

○ 阅读本书的"写、讲、重构与重复利用"一章，把你的演讲稿转换成其他有利于线上传播的长度和风格，然后充分利用社交媒体平台扩大影响力。

完成以上这些任务，不仅能获得专业技能，还能让其他人看到你对目标行业和细分领域的投入和热爱。在招聘时，合伙人和招聘主管会非常希望看到你的"热爱"——它有着难以想象的强大说服力和感染力。

❑ **通过检索和其他方式了解哪些律所擅长为你关注的目标行业和细分领域提供法律服务。**

○ 利用谷歌和法学院职业服务中心的资源"锁定"律所目标。

○ 你的领英联系人中有没有在这些律所工作的合伙人或资深律师？

○ 这些律所在你想去的城市或地区是否设有办公室？

❑ **在杂志上读到有关目标行业的报道时，你要留意撰稿记者的署名。**

○ 经过一段时间，你可能会发现相同的名字在反复出现，那就说明这位记者专门负责"跑"目标行业的相关新闻。

○ 你需要在领英或推特上和这位记者建立联系。发送邀请函并做自我介绍时，你要特别强调你们双方的共同兴趣点——你的目标行业。

○ 通过这种方法，你会慢慢结识众多对目标行业感兴趣的记者。你需要和这些记者保持定期联系，及时向他们透露你观察到的行业趋势、动态或新闻。

❑ **找到目标行业或细分领域中的"关键联系人"。**

○ 参加关键联系人表现较为活跃的行业协会或专业组织。

• 这些行业协会或组织是积累人脉资源的最佳平台。

○ 努力获得在行业协会或组织发表演讲的机会。

○ 及时在推特、领英、脸书和 Instagram 等社交媒体发布你在行业协会发表演讲或参加各类活动的照片。

❑ **利用互联网，找到并记住与目标行业或细分领域有关的特殊节日。**

○ 如果你对海事法领域感兴趣，那应该在自己的社交媒体主页上庆祝美国海事日（National Maritime Day）和世界海事日（World Maritime Day）——没错，这是真实存在的节日！

○ 如果你以采矿业作为目标行业，那你就要记住每年的12月6日是全美矿工节（National Minders Day）。

○ 通过谷歌等搜索引擎，你可以很容易地找出和自己的目标行业或细分领域直接相关，但不为大多数人所知的节日，这些节日都可以成为你的素材。

　● 你使用的关键词可以是"特别的节日"，或者参考搜集各种节日信息的网站，比如 Holidayinsights[1]。

---

[1]　节日观察网，http://holidayinsights.com。

如何写出有说服力的
简历和求职信

你的目标是选择一个你真正感兴趣的领域，并且积累、创造能充分证明你在这个领域中的专业能力的证据。在这些工作的基础上，你还需要有一份有说服力和证明力的简历及求职信，从而为你赢得更多面试机会。

在你的简历当中，一定要有容易让人记住的"主旋律"，这种"主旋律"出现的次数越多越好。

比如，我就读的埃默里大学法学院在亚特兰大，但毕业之后我想去芝加哥工作。然后，我发现如果想要引起芝加哥律所的合伙人或者招聘主管的兴趣，我的简历中可能需要有在芝加哥知名律所的实习经历。当时，在亚特兰大设有办公室且总部位于芝加哥的律所屈指可数，其中就包括罗德·比塞尔与布鲁克律师事务所（Lord Bissell & Brook，现已变为洛克律师事务所）。我的目标是在这家律所找到一份实习工作——哪怕一开始不是实习律师而是其他岗位都可以。有鉴于此，我利用了自己在芝加哥的私人关系，在罗德·比塞尔亚特兰大办公室找到了实习机会——办公室收发员。

其实一开始做什么工作并不是最重要的，最重要的是我能从最底层的工作开始，依靠努力逐渐证明自己，直到说服律所让我去从事法律相关的实习工作——只有这样，我才能实现自己的初衷：在简历里写上我在这家律所做过"助理"。

我每周会到办公室工作两三个下午，逐渐和律师们变得越来越熟悉并说服他们把一部分庭审文件的校对工作交给我，让我获得了一些非常宝贵的法律实践经验。虽然这些经验并不涉及任何复杂的文字工作或者直接与客户沟通，但却足以让我理直气壮地把这条实习经历写进简历了。

对简历进行重新排版，突出你的独特优势。你不需要严格遵守法学院给出的那些模板或格式。

把简历写得漂亮这件事本身并不需要花费太多时间。事实上，"帮助别人写出漂亮的简历"已经成为一项产业，有很多人专门从事这项工作。《你的降落伞是什么颜色的：2019 年求职与转行使用手册》（*What Color Is Your Parachute? 2019：A Practical Manual for Job - Hunters and Career - Changers*）① 是这个领域的从业者都会读的一本"启蒙书"，你如果有时间也应该翻阅一下这本书。法学院的职业服务中心或许也能为你提供额外的帮助或建议，前提是你要主动求助。

关于简历的结构和排版，你只需要记住：你必须能吸引律所招聘主管和合伙人的关注——而这些人每

---

① 《降落伞是什么颜色的：2019 年求职与转行使用手册》（*What Color Is Your Parachute? 2019：A Practical Manual for Job - Hunters and Career - Changers*），参见：http：//www. parachutebook. com。

天都会收到一大摞乍看上去非常相似的简历。想象一下，当你的简历和其他 100 份简历一起出现在招聘主管的眼前时，你是不是必须采取一种积极且正确的方式突出自己的特点，让他们对你感兴趣，才有可能获得面试机会？

通常，招聘主管会以最快速度扫视你的简历，然后当机立断：你应该被录用还是淘汰，或者是暂时待定。这就意味着你的简历和求职信必须要开门见山、直截了当地突出你最大的优势、最有竞争力的经历和专业技能，才有可能被顺利送入待定或者录取区。

利用不同字体（粗体、斜体）、字体大小及页面布局这些排版技巧引导律所合伙人和招聘主管把注意力集中到你最为突出的优势和最具竞争力的经历上，并忽略对你不利的信息。你可以找一些优秀简历作为参考，找出最适合你的排版方式。你要发挥一定的创造力，但不要过度——毕竟你需要的是一份律师的工作，不是设计师。

小型律所通常会抽调专人手动完成简历初筛，而大型律所会利用软件技术完成这项工作。针对后者，我在之前提到的很多"有创意的简历技巧"能发挥的积极作用将会极为有限——因为招聘主管可能会将绩点的绝对值和班级排名设置为通过初筛的"硬指标"。

如果你理想的工作在大型律所，那对你来说，获得面试机会的最有效方式是利用自己积累的人脉资源找到在这家律所工作的合伙人或律师，和他们深入沟通，让他们充分了解你，然后通过内推进入面试程序——以绕开对你的绩点和班级排名不友好的初筛软件。

换言之，你需要绕过律所的招聘主管，直接和专注地与你的目标行业或领域的合伙人建立联系。

你还需要了解的是，面对上百份甚至更多在线申请表以及电子版简历，大多数简历初筛软件都会使用关键词匹配技术——只有包含所有律所提前设置的关键词的简历才有可能被选中进入下一轮。

也就是说，如果你想申请一个具体职位，就必须在简历中精准使用律所设置的关键词。因此，在简历的遣词造句方面，特别是涉及专业术语和同义词时，你的选择要聪明而且谨慎。

如果你选择绕过不太友好的简历初筛系统，直接和顶级律所的合伙人联系，那你面临的挑战就是你的目标读者并没有想到会收到毕业生的简历，也就不会拿出专门的时间认真阅读你精心打造的个人经历。面对这种情况，你需要做的是写一封开门见山且言简意赅的求职信，引起对方的注意并充分展示你的优势。

比如：

"亲爱的史密斯女士，

我知道您是亚特兰大地区顶级的轮胎业律师之一。我目前在埃默里法学院就读，同时担任埃默里轮胎法协会的创始人和会长。我想您可能会对我的经历感兴趣。事实上，我是一名正在求职的三年级学生……"

法学院二年级

整体思路:
在法学院外建立并拓展属于
自己的人际关系网。

　　进入二年级，你适应法学院繁忙的学习生活了。在这一年当中，你不仅要全力以赴取得更好的成绩，还要竭尽全力找到合适的暑期实习机会——这对你来说至关重要，因为你在这个暑假积累的经验将决定你能否在毕业后找到理想的全职律师工作。

　　学习成绩仍然非常重要——除非你有百分之百的把握能将招聘主管和合伙人的注意力转移到其他更有说服力的事情上。你不要制定"战斗方案"、做好前期调研，还要不断积累人脉且积极跟进。

❑　继续积极组织、参与一年级时的各项社团活动。

❑　如果你看到这本书时已经二年级了，那你需要抓紧时间"补课"——把本书列出的所有"一年级任务"和本章节的"二年级任务"结合起来，一并完成。

❑　定期联系所有亲朋好友及现有联系人。

❑　只要在社交活动中结识了新朋友，就争取在 **24** 小时之内和他们成为领英好友，并把他们的信息录入你的专属邮件列表或通讯录。这些新朋友包括：

　　○　法学院同学；

　　○　律协专业委员会的成员；

　　○　出席行业和专业会议的目标行业或领域的从业者。

❑　**加入以目标行业或细分领域为主题的领英群组（groups）。**

○　关注群组中其他成员之间的对话。

○　熟悉行业专家及"思想领袖"。

❑ **养成阅读法学专业期刊、法律博客及法律新闻的习惯，不断提高自己的专业技能。我们经常浏览的网站包括：**

○　全美律协法学院学生委员会（The American Bar Association，Law Student Committee）官网[①]；

○　abovethelaw. com[②]；

○　ms-jd. org[③]。

❑ **发起创立新的专业期刊。在法学院，进入法学院官方期刊——比如大家最熟悉的《哈佛大学法学评论》的编辑委员会是成绩优异的标志之一。如果你的成绩不能让你顺利进入《法学评论》的编辑部，你也可以考虑自己发起创立一份新期刊——这是我在埃默里法学院读书时我的同学想出来的好主意。**

○　当时，我的这些同学恰好都对破产法感兴趣，而破产法在当时属于新兴、小众的专业领域。他们借机向法

[①]　全美律协法学院学生委员会官网，https：//www. americanbar. org/groups/family_law/committees/law – student/。

[②]　abovethelaw 是一家报道法律、法学院及法律行业相关新闻的网站，是美国法学院学生最主要的行业新闻来源之一。

[③]　Ms. JD 是一家非营利组织，由来自全美 12 家顶尖法学院的女生于 2006 年创立，旨在帮助法律行业中的女性从业者及法学院的女生相互交流、相互支持。该组织的官方网站是 ms – jd. org。

学院提出了申请，并获得了许可，然后正式出版发行了《埃默里法学院破产法发展》（*Emory Bankruptcy Developments Journal*）①。

- 凭借在这份创新法学期刊担任编辑的经历，所有"第一代成员"都在毕业时找到了在纽约和亚特兰大的理想工作。

- 更令人骄傲的是，今年是《埃默里法学院破产法发展》连续发刊 30 周年！

○ 创立一份被法学院认可的新期刊当然是非常闪光的经历，但这也意味着你要在繁忙的学业之余承担更多工作。如果你不想承担太多工作，或者想保持低调，也可以选择申请一个名称中带有"期刊"或"评论"的个人博客——那会轻松很多。

---

① 《埃默里法学院破产法发展》（*Emory Bankruptcy Developments Journal*），参见埃默里大学法学院线上图书馆：http：//law. emory. edu/ebdj/index. html。

法学院三年级

整体思路：
继续在目标行业和专业领域中积累
人脉资源、拓展人际关系网。
为简历添加更多"亮点"经历。
与目标律所或机构的律师或其他
工作人员建立联系并深入交流。

❑ 继续积极组织、参加一、二年级开始的各类社团活动。

❑ 即便你现在才刚刚开始考虑制定求职策略，那也仍然是"亡羊补牢，未为晚矣"。不过，因为已经是毕业班，我建议你采取更"激进"的手段和方式，以最快的速度追赶进度、积累实习经验，充实简历。

  ○ 仔细阅读"法学院一年级"和"法学院二年级"等章节中描述的社会活动，抓紧时间付诸行动，活动数量越多越好——毕竟，你要在短时间内完成其他人前两年的工作。

  ○ 想要充实自己的简历，达到让人过目不忘的程度要花费不少时间。你可以从最"立竿见影"、最能证明专业能力的任务入手。

❑ 加强和法学院职业服务中心的工作人员之间的交流。

  ○ 通过定期的校友活动，这些工作人员和很多往届校友都有联系，可以把你的简历发给那些能为你提供帮助或者直接提供工作机会的校友。

❑ 通过实习或在法律诊所担任志愿者迅速积累实践经验。

❑ 三年级的课程本身不会太难。对于早就完全适应了法学院高强度学习的你来说，在作业和其他学习任务上要花费的时间也会逐渐减少。此时，你的主要任务就是为找到理想工作做好准备。

○ 你必须在充实自己的简历和积累更多人脉资源这两件事上投入更多时间和精力。

❑ **更积极主动地参加目标行业协会的各项活动。**

○ 找一个最适合你的专业委员会做志愿者并争取担任领导职务。

○ 就这个专业委员会关注的细分领域，定期撰写文章，发表在会员月刊中。

○ 寻找合适的机会，就你特别感兴趣的专业话题发表主题演讲。

• 仔细阅读"写、讲、重构与重复利用"一章，在社交媒体上充分利用、展示你的演讲视频、演讲稿及 PPT。

❑ **加强个人品牌的营销力度。每周拿出固定时间完成"主动社交"，比如主动约亲朋好友、重要联系人吃饭、喝咖啡、散步、健身，或者一起报名参加行业协会的活动。**

❑ **掌握电梯演讲（elevator speech）的基本技巧。**

○ 你可以在网上找到不少有关如何提高电梯演讲技巧的文章。①

---

① 请参考《青年律师必备市场营销指南》第 42~46 页的相关内容。

○ 为更好地完成"破冰"任务，你需要给自己设计一套个性化且有记忆点的自我介绍模板，并反复练习。

○ 针对不同的应用场景和交谈对象，在自我介绍模板的基础上修改出其他版本的电梯演讲。比如，只在遇到对工业轮胎制造业很感兴趣或者该行业从业者时才强调你在轮胎法律领域的专业背景和技能。

○ 根据个人经历和目标专业领域准备不同长度的自我介绍。

- 极速版：长度不超过 1~2 句话；
- 中长版：将极速版扩充为 1~2 段话；
- 超长版：对中长版本进行扩充，选择插入两三个有趣的案例或加入其他相关信息
- 特别版：针对你经常遇到的、不同身份的听众，设计具有针对性的电梯演讲内容。

❏ **报名参加法学院组织的市场营销和业务拓展培训。**

○ 如果法学院没有开设相关课程或者不提供有关市场营销业务拓展的专题培训，你可以提出申请，要求法学院提供相关培训。

○ 许多顶级法学院都会向自己的学生提供市场营销业务拓展专题培训。

○ 你可以参考这段视频：《律所市场营销——律师必须为每一个业务机会做好准备》（Law Firm Marketing:

Lawyers must prepare for every client opportunity）。[1]

❑ **养成阅读纸质或电子版法律专业期刊及目标行业期刊的习惯，以准确掌握并了解目标行业及领域的最新动态和发展趋势以及相关政策和法律变化。**

○ 订阅行业专家及领导者的博客或推特。

❑ **在谷歌快讯中，针对目标行业或领域中的主要公司及有影响力的领导者设置提醒。比如，你可以将"费什曼市场营销咨询"（Fishman Marketing）设置为你关注的关键词。**

○ 通过谷歌快讯推送获得的信息可以作为你和关键联系人及目标行业从业者取得联系的借口和理由。

❑ **定期更新你的领英主页。**

○ 在"经历"（Experience）版块中，及时就你在新的律所或者其他组织实习或担任志愿者的信息及获奖的情况进行更新。

○ 把你最受欢迎、阅读量最大的专业文章放到"出版作品"（Publications）版块中；注意，你需要添加的内容应该至少包括一段关于文章主要内容的摘要以及全文链接。

---

[1] 《律所市场营销——律师必须为每一个业务机会做好准备》（Law Firm Marketing. Lawyers must prepare for every client opportunity），https：//www. youtube. com/watch? v = － ex2o1Ai1pk。

❑ 继续积累人脉资源，逐步在法学院之外建立个人品牌，通过各种社会活动提高自己的知名度，并充实你的简历。

   ○ 目的明确地与那些目标行业及细分领域从业者或者为这些领域服务的律师建立联系并保持交流，他们都有可能成为你的重要客户或未来雇主。

❑ 了解目标行业中的重要企业。

   ○ 定期阅读行业新闻网站、刊物及博客。

   ○ 通过检索，了解行业最新动态和发展趋势，了解行业客户的实际需求。

   ○ 定期浏览目标行业重要公司的官网，重点留意"关于我们"以及新闻资讯等相关板块。

   ○ 关注目标行业重要公司的领英和推特账号。

❑ 追踪目标行业和细分领域的各类资讯，能有效帮助你发现并留意到目标行业面临的新法律议题或重要判例，你可以用这些新议题和新判例为法律或行业期刊撰写专业文章并投稿。

   ○ 你也可以利用写文章的机会和活跃的行业律师或合伙人——特别是有招聘需求的合伙人建立联系或直接会面。

      • "我正在准备写一篇关于××的文章，希望能采访并援引几位行业专家的分析和观点。不知道能否采访您？如您时间方便，我下周能否到您办公室拜访并做简单访谈?"

- 这是一种会给人留下深刻印象的沟通方式，不仅能有效帮助你和律师、合伙人或者其他业内专家建立联系并保持互动，也能为你的求职之路打下良好基础。

☐ **继续在领英上和新结识的朋友建立联系并保持交流，不断拓展自己的人际关系网。**

☐ **在目标行业协会担任领导职务。**

○ 利用不同的社交媒体平台与在协会中结识的从业者及其他律师建立联系，大家最常使用的平台包括博客、推特和领英。

☐ **在领英上，主动对联系人做出技能认可（endorsement）。**

☐ **自然且礼貌地向联系人"索要"推荐信（recommendations）。**

○ 你可能需要先给那些和你关系比较密切的联系人写出一封真诚又有实质内容的推荐信，才能提高你收到对方推荐信的可能性。

☐ **如果你喜欢使用推特，就在推特上关注那些专门报道目标行业或细分领域新闻的行业记者。**

○ 确保定期和他们保持互动。

- 特别是要和那些喜欢邀请行业专家或律师对行业趋势、发展动态以及由此引发的新法律议题发表专业评论的记者保持联系。
  - ○ 关注这些记者的其他人——特别是目标行业从业者或律师会根据记者发表的文章或者记者的推特账户"顺藤摸瓜"地找到你并和你建立联系。

最后，如果你的目标是毕业之后成为执业律师，那就必须要在三年级顺利通过律师执业资格考试——这一点至关重要。

❑ **法学院会提供部分与准备律师执业资格考试有关的复习课，充分利用所有复习课，巩固基础知识、学习考试技巧。**

❑ **了解法学院往届毕业生在律师执业资格考试中的表现。**

- ○ 如果你就读的法学院往届学生在律师执业资格考试中的通过率较低，或者你想要获得执业资格的州以"考试难"闻名，同时你在开始准备考试时尚未找到理想的工作，那我的建议是先暂时将求职计划搁置，将全部时间和精力都投入到考试的准备工作上。

❑ **不能通过执业资格考试会对你的求职和未来的职业规划造成严重打击。因此，你需要做的是拼尽全力"一击即中"。**

○ 如果第一次考试确实失败了，那就赶紧抓住机会丰富自己的社会活动和实习经历，提升自己在目标行业和细分领域的行业知识和专业技能储备，直到你要开始为第二次考试全力以赴为止。

○ 在准备第二次考试时，建议你主动寻求考试专家的帮助，以确保你的第二次考试一切顺利。

遵循这本书中给出的建议和步骤，加上一些时间和耐心，你的简历一定会逐渐变得充实而专业，同时还能充分展示你的活力、勤勉与专注。

律所的招聘主管和合伙人会发现你的简历与堆在他们的邮箱里和桌子上的其他求职简历完全不同——因为那些简历"千篇一律"，而你的简历与众不同。你拥有许多其他候选人不具备的行业知识和专业技能。这些来自过往三年的积极储备一定会让你脱颖而出。

你会逐渐发现，你的人际关系网——你在法学院就读期间就开始专注于某些特定目标行业或细分领域，并围绕该行业或领域搭建的那个庞大而紧密的人际关系网将让你获益良多。目标行业及细分领域的所有关键联系人都有可能成为你的付费客户。因为你了解他们，而他们信任你。

在这些潜在的付费客户眼中，你不贪婪，和外面那些只想要拿到业务的律师完全不同；你乐于助人，你们"相识于微时"，是真正的朋友和"战友"。有很多人会非常羡慕不需要"卑躬屈膝"就能轻松拿到业务的律师——你的前期积累会帮助你成为大家都羡慕的律师。因为你在围绕专业领域搭建人际关系网上下足了功夫也有了充分的积累。

这些积累会让你在多年的执业生涯中立于不败之地，也将为你的事业成功打下良好基础，并助力你实现职业梦想和经济追求。

要记住，你必须找到自己热爱的事情，然后想办法把你的热爱和你的工作结合在一起。只有做到这一点，你才有可能在未来漫长的执业生涯中保持活力，并保持对法律行业和你的职业梦想始终充满热忱。

当然，你从法学院毕业后的第一份工作可能并不完美——没关系。你要做的是抓住手边理想的工作机会，勤勉努力，然后顺势而为。在取得成功、实现梦想的这条曲折漫长的路上，毕业后的第一份工作只是你的一小步，而在你眼前即将展开的是长达数十年、需要不断努力学习、不断向上拼搏的执业生涯。不过，"既来之，则安之"，我建议你在第一家律所至少停留2~3年，然后再考虑跳槽的事情。

努力拼搏，全力以赴。你需要从自己的第一份或许不怎么理想的工作中充分"汲取营养"——因为这份工作、这段经历以及你在其中的快速成长将会成为你打开下一个关卡的"敲门砖"。你需要在工作中学习并提升各项专业技能、拓展人际关系网，然后瞅准时机把握住更为理想的机会。

写在最后

入职后，绝对不要"应付"工作。要学会超越期待。最开始的时候你可能要"早到晚走"，要注意合伙人的着装，并和他们的风格保持一致。确保每天进入办公室时衬衫平整、皮鞋光滑。你需要通过行动和细节向其他人证明你重视自己的工作、尊重法律行业，也会为了律所和客户竭尽全力。

客户或许无法在第一时间对你的专业能力和水平做出判断，但所有人都能感受到你为人处世的方式和态度。定期和客户交流。按时完成你拿到的任务和工作。及时做出反馈——不要拖拖拉拉地让客户在未知和焦虑中等你回复邮件。你需要尽可能在错过客户来电的两个小时内回电或发邮件说明情况，不要让这些工作过夜。

对律所里的每个人给予相同的尊重——不论对方是律师，还是支持团队的成员。记住前台、秘书、助理及收发员的名字——这不仅代表了你的职业素养，也会让其他人看到、感受到你的付出和用心。这非常重要。

当然，照顾好自己也很重要。法律行业充满挑战且压力巨大。我们每天都要长时间工作以应对客户在智力和情感上的挑战，同时客户的要求通常很高，且可能对律师的工作毫无感激之情。统计数据显示，抑郁和药物滥用情况在法学院学生和青年律师群体中越来越常见，也越来越严重。

如果你需要专业帮助或支持，现在其实有很多专门为律师提供服务的机构和组织供你选择，包括：（1）各州及地方律协的律师支持计划（Lawyer Assistance Program）；（2）著名的海瑟顿·贝蒂·福特基金会（Hazelden Betty Ford Foundation）①。请及时、主动求助！

保证健康的饮食、充足的睡眠，定期锻炼身体。确保并时刻提醒自己：除了法学院的学习或者律所的工作之外，你还拥有美好的生活。尽可能多花些时间和家人、朋友在一起，不要放弃学习和工作之外的兴趣爱好。到慈善机构担任志愿者。你可以考虑阅读肖恩·安克的《幸福的优势》（*The Happiness Advantage*）②，了解"快乐如何带来成功"。既想要一份成功的事业，同时还想拥有美好的人生？那就努力让自己的事业能满足你内心的需求。

我衷心希望这份你自己选择的事业能让你万事顺意、幸福快乐，并且功成名就。

---

① 海瑟顿·贝蒂·福特基金会（Hazelden Betty Ford Foundation），美国最知名的药物成瘾治疗和反药物滥用宣传组织，官网链接：https：//www. hazeldenbettyford. org。

② 肖恩·安克（Shawn Anchor），倡导积极心理学的美国著名作家，主要代表作品是《幸福的优势》（The Happiness Advantages）。

全书完结

"你会成功吗？

是的，当然会！

（我敢保证你获得成功的概率是 98.75% 。）

孩子，你将会改变世界！"

——苏斯博士

《哦，你将去的地方！》

附　　录

如何创建一个打动人心的领英主页

1. 使用自己的真实姓名

不要使用缩写或昵称！已婚的女律师应同时保留自己的娘家姓氏，以方便其他人搜索。

2. 使用职业照作为头像

我理解出于不同的原因，有些人不愿意在社交平台上使用自己的照片做头像。但在领英这样的平台上，不使用自己的真实照片可能会让其他人感到困惑，而你并没有机会向对方说明原因。

使用足够清晰且看起来有"职业感"的照片作为头像。

领英不是脸书——不要使用剪裁过的集体照、看起来过于狂野不羁的搞怪照片或者婚纱照。用作领英头像的照片中不需要有任何道具，也不需要添加任何滤镜或艺术效果。当然，你可以适当展现个性，但切忌用力过猛——律师是一个相对"保守"的行业。

以下是三张不同风格的领英头像照片：

最左侧是艾莉丝·琼斯（Iris Jones），她的头像照片拍摄于户外，光线柔和自然，衣服虽然不算太过正式，但基本满足职业装的要求；中间是罗伯·费什曼（Rob Fishman），他身穿休闲衬衫，以工作环境为背景，看上去非常友好；最右侧是萨曼莎·鲁本（Samantha Ruben），她选择的是比较传统的职业照组合：西装套装+纯色背景，看上去专业、正式，也比较亲切。

不同的头像照片会传递出不同的信息。因此，在选择头像照片时，你需要仔细考虑选择的照片是否符合你对自己的定位。

3. 设计一句符合个人品牌的"大标题"

在领英职业档案（profile）中，在姓名下方显示的信息是大标题（headline）。这里的信息非常重要——根据领英的设置，无论你出现在检索结果中，还是发表评论或回答问题，大标题中的信息都会显示在你的姓名下方。

换言之，大标题其实就是你开始电梯演讲的地方。我的建议是不要把自己的实际职位直接当成大标题的内容，比如最常见的写法是"××律所公司法律师"——这种做法实在有些"暴殄天物"。

如果其他人通过检索看到了你的档案，你需要通过这个大标题吸引他们、留住他们，让他们愿意多花些时间了解你。

因此，与其只是在大标题这里简单写上"××法学院学生"，你或许可以更进一步，为其他人提供更多信息，比如"专注税法的北卡莱罗纳大学法学院学生"。

4. 及时更新工作和学习动态

定期的状态更新会让其他人直观地感受到你保持着良好的学习势头和工作节奏。最近你有没有参加大型社交活动？分享出来！有没有参加行业或专业论坛？分享出来！有没有读到一些颇具启发性的专业文章？分享出来！

状态更新是一个向其他人展示你对目标行业或领域确实有强烈兴趣以及巨大投入的好机会——你可以争取每周至少做一次更新。你并不希望有任何关键联系人在浏览你的主页时发现你的最近一次更新是两三个月以前。此外，对于擅长凭借写作建立个人品牌的人来说，领英是一个非常理想的文章发布平台。

5. 充分展示你的工作经验——要有细节！

你的领英主页并不需要看上去和你的简历一模一样。通过一句简单的总结确保潜在的浏览者了解你的工作性质。充分利用说明（description），在描述具体工作内容时加入那些能被搜索引擎识别的专有名词或者行业术语，这些关键词大幅增加其他人检索到你的可能性。比如：

"安珀的主要执业领域是诉讼，特别是重大疑难商事争议。她经常在北卡罗来纳州联邦及州各级法院（包括北卡罗来纳商事法院）为卷入合同、公司法、股权及《统一商法典》（UCC）、信托等重大纠纷的金融机构、公司、有限责任公司及个人提供法律服务。"

6. 教育经历

你需要在领域主页上提供最为详细的教育经历，不仅包括你就读的学校和取得的学位，还应该包括你在校期间获得的奖项、荣誉或其他成就，以及你创立或参与的学生社团。这些信息都应该出现在你的教育经历中。

7. "索要"两三封推荐信

根据领英对"个人档案完整程度"的评估方法，想要在完整程度上拿到 100 份，你需要至少拿到三位领英联系人的推荐信。当然，完整程度的分数并不重要，但领英的这种评估方法却很有启发性。

鼓起勇气邀请那些比较了解和熟悉你的朋友、同学或前同事给你写推荐信，不要害怕被拒绝。在今天的社交媒体环境中，这已经是一种大家习以为常的"常规要求"了。

如果你认为自己在实习中表现不错，也可以邀请实习律所的合伙人或资深律师给你写推荐信。你可以以邮件的方式把提交领英推荐信的链接发给他们——这将大幅节省他们的时间。

此外，基于线上社交礼仪，如果机会合适，你也应该以一封写给对方的推荐信"回馈"那些同意给你写推荐信的联系人。

8. 添加更多联系人，拓展人际关系网

要想让你的领英主页发挥作用，最重要的操作之一就是和其他人建立联系。这些联系人能帮助你从庞大的领英数据库中脱颖而出，出现在行业从业者或招聘主管的检索结果中。

至于到底需要多少联系人——根据经验法则，把你的年龄乘以 10 得到的数字就是领英好友人数的最低值。申请加入目标行业或细分领域从业者特别集中的领英小组，与这个小组中的其他成员建立联系并定期交流。添加联系人时，可以先从法学院和你实习过的律所入手。

总之，你的重要任务就是建立联系、建立联系、建立联系——重要的事情说三遍。

9. 个人简介至关重要

打开你的主页，除了你的姓名和之前谈到过的"大标题"外，大家首先就会看到你的个人简介（Professional

Summary）。友情提醒：千万不要使用领英自动抓取的内容！如果你直接把自己的电子版简历上传到领英，领英会自动抓取文件的前 2 000 个字符生成一份系统默认的个人简介。

充分利用个人简介，将它视为你在向所有现有联系人、潜在领英好友、检索到你的招聘主管或合伙人进行自我介绍，你的自我介绍需要有记忆点且有意义。对你来说，领英是最重要、最高效的社交媒体平台，那为什么不花些时间认真揣摩到底应该如何利用这个平台提供的机会向大家介绍自己呢？

个人简介是一个你可以用自己的语言和视角讲述、总结你的经历的地方。与正式简历相比，在领英的个人简介环节，你可以用更有个性的方式展示你的优势和强项。

我建议你在个人简介的内容上多花些时间、多下下功夫。当然，用三言两语提炼出你的经历并且展示出个性绝非易事。因此，如果你认为有必要，也可以联系专业作家或者那些在大学创意写作课上拿到了 A 的老朋友，寻求他们的帮助和建议。

下面是我之前给老朋友乔·法西（Joe Fasi）写的个人简介。乔是全美最顶尖的诉讼律师之一。他极为成功又极为谦逊。因为陪审团喜欢并且愿意相信他，所以他能多次在复杂的诉讼案件中帮客户赢到 10 位数的赔偿金。我给他写的个人简介只有333个单词，但读完之后，你是不是也开始有点儿喜欢并且信任他了？

"我想很多人都看过《马耳他之鹰》 ①这部电影。我并不是马耳他之鹰——尽管我的确来自马耳他，并且能说流利的马耳他语。我喜欢和陪审员交流，特别是在他们即将做出高额赔偿金的裁决之前。我作为被告的代理律师参与过100多次由陪审团裁决的案件。这些案子中有不少是那种事实极为复杂、受到媒体高度关注且舆论倾向于同情原告的案件。

我从来没有精确计算过自己的胜诉率。前一段时间，有客户问过我：你为什么总能胜诉？针对这个问题，我无法给出明确的答案，所以只能微笑着感谢他的肯定和褒奖。当然，在那之后，我仔细思考了客户提出的这个问题并想到了一个答案：因为我不喜欢像有些诉讼律师那样在法庭上"搞小动作"。我从不使用所谓的"藏球战术" ②。虽然我非常想要胜诉，但我也能同时

---

① 《马耳他之鹰》（The Maltese Falcon），1941年上映的经典黑色电影，该电影改编自侦探小说大师达希尔·哈密特（Dashiell Hammett）的同名小说。

② 藏球战术（hide-the-ball），最初是美式橄榄球的一项战术，即四分卫或其他队员把球藏到对方找不到的地方，藏球的一队往往不需要通过任何激烈对抗就能轻松得分。这个战术被借用到诉讼策略中，专指为赢得胜诉，律师为获得胜诉隐藏或隐瞒对当事人不利的关键证据。

保持冷静和诚信。我帮助客户达成的是公平且合理的解决方案。原告可以要求我的客户付出一笔高额赔偿，但他要求的每一分钱都必须有据可依。

在庭后调研中，绝大多数陪审员说他们喜欢我——他们认为我的辩护方式诚实、正派，因此他们相信我能带着他们看清案件的事实真相。这一点非常重要，这意味着我让我的客户在陪审团面前有了真实的"存在感"，而我的客户通常是一些在普通人看来很难接触和理解的大公司。在庭审过程中，我能在情感上把原告、被告双方拉回到同一起跑线上。

现在，因为无法达成庭前和解，导致双方进入正式诉讼程序的重大案件越来越少了。如果确实走到了这一步，我会在全美范围内为客户提供法律服务。通常，我的客户拥有丰富的应诉经验，能理解并执行不同的诉讼策略，包括烟草、制药及其他大型生产企业。

我通常会在案件的起始阶段甚至争议刚刚出现的时候就以首席法律顾问的身份介入，帮助客户解决难题。经过多年积累，有些公司会把我当成"首选律师"。当客户突然意识到自己可能需要付出巨额赔偿或案件极为复杂的情况时，他们会在即将开庭前聘请我充当"救火队员"，为他们之前聘请的律师团队提供支持和指导，或直接接手全部工作。"

专长领域：产品责任诉讼、养老院辩护业务、医疗事故及执业过失辩护。

10. 生成个人专属链接

在初次注册领英账户时，领英会随机为你生成一个复杂的主页公开链接（Profile URL）。你在编辑职业档案时可以通过简单的设置和操作，重新生成一个便于记忆和使用的主页链接。

如果你的姓名比较大众化，那就要抓紧时间"抢注"专属链接。我的领英专属链接是：linkedin. com/in/ross-fishman/。这样的专属链接比较短也便于记忆。设置了专属链接之后，你可以把这个链接加入邮件的签名栏、印在名片背面或者分享到其他社交媒体上，以方便大家与你建立联系。

11. 网址

在职业档案的联系方式中，你最多可以添加三个网址。你可以考虑添加个人博客及其他与工作有关的社交媒体账户的链接。

12. 申请加入领英小组

申请加入以目标行业或细分领域为主题的领英小组（groups），积极参与讨论。在这个小组中结识新朋友、拓展人际关系网，逐步在组内将自己的形象打造成"一位乐于助人且掌握一定行业知识的法律专家"。主动和小组中其他成员建立联系。

如何写出一篇符合搜索引擎优化规则的专业文章

个人简历、领英主页、博客文章，以及所有其他线上内容都可以而且应该提升你在谷歌等搜索引擎的排名。这个过程被称为搜索引擎优化（SEO）。

谷歌从未公布过明确的结果排名算法规则，但我们现在已经可以基本了解这套算法"看重"哪些因素。也就是说，我们基本上掌握了应该如何写文章才能有效提升你的信息和文章在结果展示页面上的排名。

当然，我们不能保证自己对谷歌排名算法规则的理解是绝对正确的，而且规则还在不停变化。不过，我们掌握的信息仍然可以帮助你牢牢抓住这套算法看重的趋势和动态，提升你在结果展示页上的排名，最终提高你被目标客户或招聘主管发现的可能性。

谷歌算法的整体原则是将与用户使用的检索关键词最匹配的可信网站上的页面展示出来。也就是说，如果你想让自己出现在排名较高的位置——搜索结果的前几页，那在写文章时就要站在检索用户的角度思考：他们会使用哪些关键词进行检索，然后用这些关键词反推决定你的文章需要涉及哪些内容或者采取哪种行文方式。你可以把目标客户进行检索时可能在搜索框里使用的关键词都列出来，然后在写博客文章或者完成在领英等其他社交媒体平台上的原创内容时使用完全相同的词组或专业术语。

现在，经验丰富的检索者会选择更长、更为复杂的关键词，包括利用行业独有的专业术语或特定类型的合同、条款、词组或法条进行检索，以迅速找到自己想要的信息。有些用户会在检索中加入城市或州为限制条件，也就是说，如果想要针对这些用户、凭借"高度相关"提高自己在谷歌中的排名，你就必须在自己的文章和原创内容中也加入相同的、表述并限制地理位置的词语。

有关搜索引擎优化，你需要掌握的最关键的信息如下：

要知道，在谷歌上，并不存在任何"绝对正确的"检索结果——在不同的电脑上使用完全相同的检索关键词也有可能显示出完全不同的检索结果。出现这种情况的原因是谷歌了解你的身份和地理位置，并且会根据这些信息为每个人"量身定制"检索结果，迅速找到对你来说最有价值的信息。

也就是说，你看到的检索结果和你对门宿舍的同学，或者其他城市、其他国家的人看到的可能会截然不同——即便你们使用了完全相同的检索词。这也是为什么当你搜索"水管工"时，会先看到附近的水管工的联系方式而不是远在巴黎或圣保罗的水管工的信息。

但是，请注意这种为用户创造了极大便利的展示方法可能会导致你看到的检索结果和真实排名之间出现偏差，进而错误地导致你自信心爆棚——认为自己在谷歌上的排名非常靠前。当你对自己执行自然搜索[①]时，谷歌会根据你的检索历史和浏览记录把你的博客或网站排在非常靠前的位置。但当其他人——更为客观或者此前从未检索过类似关键词的用户进行检索时，却有可能完全无法找到你的信息。

[①] 自然搜索（organic search），也被称为有机搜索，是指搜索引擎根据自己的算法给予所有在它们索引数据库中的网站，针对搜索关键词而返回给用户的搜索结果。这种搜索不由广告所控制，完全由算法程序给予自动排列。